2025 돈이 보이는 창

돈 되는
투자전략과
재테크
가이드

다시 돌아온 금리인하기,
투자의 눈 '돈이 보이는 창'에서 보여드립니다

코로나19 팬데믹의 시기를 지나 38개월 만에 한국은행이 기준금리를 내렸습니다. 기준금리를 인하하면 오를 것 같던 서울 등 수도권 아파트값은 무덤덤하기만 합니다. '그때 샀어야 하나… 아니면 그때 팔았어야 하나…' 요즘 들어 부쩍 자주 느끼고 주위에서도 들리는 말입니다.

이 책을 한 손에 꼭 쥐고 있는 여러분도 '투자 노마드'는 아닌지요. '투자 노(NO)답 시대' 노답 아닌 투자처를 찾기 위한 여러분은 어떤 선택을 하고 있나요. 주위를 살펴보면 투자한 것 이상 벌었다는 사람만 보입니다. 정작 나만 투자에 실패한 게 아닌가 하는 상대적 박탈감이 커지기도 합니다. 무섭게 치솟는 물가를 보면 아끼고 아낀다 해도 결국엔 손해를 보는 느낌이 강합니다.

실제로 투자에서 재미를 보지 못했다면 그 상실감은 더욱 클 겁니다. 잃은 사람도, 번 사람도 만족할 만한 결과를 얻기 어려운 안갯속 투자 시대를 우린 살고 있습니다. 노답 아닌 투자처를 찾기란 쉽지 않습니다. 경제 고난의 시기, 한 푼이라도 더 벌고 아끼려는 경제 노마드의 길고 험한 여정은 이어지고 있습니다. 버는 법을 잘 알아야 잘 모으고 잘 쓸 수 있습니다. 아는 만큼 보인다고 하죠. 재테크에도 왕도는 없습니다. 다만 '기술'은 있겠죠.

유튜브나 사회관계망서비스(SNS) 등을 보다 보면 알리익스프레스, 테무, 아마존 등과 같은 해외 직구를 홍보하는 화면들이 끊임없이 올라옵니다. 그야말로 '직구'의 시대라 할만합니다. 기술의 발전과 유통의 혁신으로 촉발된 시대의 변화죠.

이러한 모습은 해외 투자에서도 확연하게 드러납니다. 전통적으로 기관 투자가 등 소위 전문가의 영역이라고 여겨지던 해외 투자의 세계는 이제 개인에게 활짝 열렸습니다. 수많은 유튜브 채널과 투자 관련 서적을 통해 전문가 뺨치는 투자 지식으로 중무장한 개인투자자가 서학개미 군단을 형성해 전 세계 시장으로 진격하고 있습니다. 바야흐로 높은 수익을 좇아 국경을 넘나드는 투자 노마드, '직투'의 시대가 열렸습니다.

종합 경제 미디어 이데일리가 지난 2022년 재테크 서적 〈돈이 보이는 창〉을 처음 펴낸 후 2년 만에 다시금 두 번째 책을 펴냈습니다. 변곡점에 다다른 재테크 시장에서 투자자 여러분의 충실한 가이드로서의 역할이 필요하다고 판단해서입니다. 이 책은 지면과 온라인에 선보이고 있는 '돈이 보이는 창' 기사에서 핵심만을 선별해 새로 다듬고 엮어낸 것입니다. 세상이 변하는만큼 투자의 시장도 쉴 새 없이 변합니다. 오랜 기간 금융과 증권, 부동산 시장에서 트렌드 변화를 감지해 전문가의 고견을 듣고 독자에게 정확한 투자 정보를 제공해온 이데일리 기자들이 손수 다듬어낸 재테크 정보의 정수입니다.

이 책은 재테크 초보 입문자부터 고수에 이르기까지 솔깃한 요즘 정보를 망라해 전달합니다. 물론 주식 종목을 직접 찍어주거나 어디 지역에 부동산을 투자하라는 내용은 없습니다. 대신 궁상맞지 않게, 때로는 즐겁게 한 푼 두 푼 아껴 쏠쏠하게 지갑을 채울 방법을 담았습니다. 최신 트렌드에 맞춰 슬기로운 소비생활을 할 방법도 제시하고 있습니다. 수백억의 자산가를 상대하며 자금을 운용하고 있는 은행 대표 프라이빗뱅커(PB)들의 유망 투자처와 시장에 대한 분석도 있습니다. 생각하지 못한 평범하지 않은 재테크 방법도 여럿 담았죠. 부동산 시장에서도 내 집 마련을 이루는 방법과 노후를 준비할 수 있는 부동산 수익 창출 방안도 있어요. 특별하진 않지만 범상치도 않은 재테크 노하우를 전달하는 〈돈이 보이는 창〉.

게임에서 퀘스트를 달성하고 다음 퀘스트로 넘어가 레벨업하는 것처럼 여러분의 투자 생활도 늘 선택과 목표 달성이라는 갈림길에 서 있을 겁니다. 그래서 이 책은 여러분의 어제와 오늘, 내일의 투자 생활을 바라봅니다. 지금 손에 쥐고 있는 〈돈이 보이는 창〉을 통해 투자 퀘스트를 달성해보세요. 레벨업을 이룬다면 여러분의 또 다른 손에는 풍성한 결과를 줄 겁니다.

여러분 모두의 '슬기로운 투자 생활'을 이데일리와 〈돈이 보이는 창〉이 응원합니다.

목 ─── 차

PART 01
불확실성의 시대, 현명한 투자법

PART 02
위험과 노후 대비는 미리미리 촘촘하게

금리인하기를 대하는
투자자의 자세

4대 은행 PB들이 바라본 2025년 재테크 기상도

2024년 9월, 미국 연방준비제도(Fed·연준)가 '빅컷(0.50%포인트 금리인하)'을 단행하면서 금리인하의 시간이 다가왔다. 투자자들이 금리인하기에 적합한 투자상품 '옥석 가리기'에 열중인 가운데 이데일리가 4대 은행(KB국민·신한·하나·우리은행) 프라이빗뱅커(PB)센터에 '2024년 하반기 및 2025년 상반기 재테크 기상도'를 조사했다. 이번 조사를 통해 PB들이 주목한 핵심 키워드는 금리인하, 채권 투자, 반도체·인공지능(AI)이었다.

PB들은 2025년 한국은행(한은)이 1~2차례 더 금리를 내릴 것으로 봤다. 아울러 주요 투자처로 채권과 반도체·AI를 꼽았다. 피해야 할 투자처는 국내 개별 주식·펀드였다.

금리인하의 시간 왔다… "2025년 1~2회 더"

PB들이 보는 한은의 추가 금리인하 예상 시기 및 인하 폭, 횟수는 대체로 2024년 말 1~2회, 2025년 상반기 2~3회 정도였다.

KB국민은행 강남스타PB센터 정성진 부센터장은 "'페드 워치(Fed Watch)'에 의하면 미국 금리는 2024년 연말까지 11월, 12월 각각 25bp(0.25%포인트·1bp=0.01%)씩 총 2회 내리고, 2025년 상반기까지는 25bp씩 3차례, 총 75bp 인하를 전망하고 있다"며 "이를 참고하면 한은의 기준금리는 2024년 말까지 25bp 1회, 2025년 상반기까지는 25bp씩 2회, 총 50bp 인하할 것"이라고 가늠했다.

4대 은행 PB센터가 말하는 2025년 재테크 기상도

❶ 2025년 한은 금리인하 횟수 ❷ 가장 추천하는 상품 ❸ 추천하지 않는 투자
❹ 유망 투자 주식 ❺ 적정 목표수익률

1 상반기 중 0.25%p씩 2회
2 美 S&P500 추종 인덱스펀드
3 국내 개별 주식
4 반도체
5 연 7~15%

정성진
KB국민은행
강남스타PB센터
부센터장

1 상반기 중 0.25%p 1회
2 주식형펀드
3 국내 주식형펀드
4 리츠, 인프라
5 연 5~7%

김대수
신한은행
WM추진부
ICC팀장

1 상반기 중 0.25~0.50%p 1~2회
2 채권(장기물), 부동산, 금(원자재)
3 레버리지투자
4 AI(TSMC, 엔비디아, 퀄컴)
5 연 6~8%

최혜숙
하나은행
서압구정골드클럽
부장

1 연간 0.25%p씩 3회
2 선진국 장기채권, 방어주
3 테마주
4 美 유틸리티, 필수소비재
5 연 6~8%

김도아
우리은행
TCE시그니처센터
팀장

하나은행 서압구정골드클럽 최혜숙 부장은 "미국 연준의 경우 11~12월 각각 25bp씩 인하를 전망하지만 한은은 연준과 달리 성장보다는 금융 안정에 중점을 두고 가계부채 및 부동산 가격 폭등에 깊은 경계를 하고 있다"며 "2025년 상반기 연준은 3회(각 25bp), 한은은 1~2회(25~50bp) 정도 내릴 것"이라고 봤다.

신한은행 WM추진부 ICC팀 김대수 팀장은 "미국은 2024년 말 25bp 한 차례, 2025년 상반기 25bp씩 두 차례 내리고 한국은 2025년 상반기 한 차례(25bp) 인하할 것"이라고 했다. 우리은행 TCE시그니처센터 김도아 팀장은 "미국은 2024년 말 2번(총 50bp), 2025년 4번(총 100bp), 국내는 2024년 말 동결, 2025년 3번(총 75bp) 인하할 것"이라고 전망했다.

2025년 가장 추천하는 재테크 상품은 미국 주식형펀드와 채권이었다. 정성진 부센터장은 "미국 주식 중에서 S&P500 추종 인덱스 상품을 매월 분할해서 12개월간 투자하라"고 권했다. 그는 "현재 S&P500 지수의 고점에 대한 부담감과 아울러 결국 미래를 이끌어갈 산업군의 집합체는 미국 증시에 담겨 있는 기업들"이라며 "지수를 산출하는 S&P에서 500개 종목에 대한 편입, 편출 작업을 하면서 시장에서 검증받은 기업들 위주로 구성해 미국 종목 발굴에 대한 부담을 경감해준다"고 설명했다.

이어 "일시에 목돈을 투자하는 방법보다는 매월 1일, 총 12개월로 나눠서 투자하고, 목표수익률을 정한 뒤 이에 도달하면 환매 후 다시 그 금액을 분할 투자하라"고 추천했다.

김도아 팀장은 선진국 장기채권과 방어주를 택했다. 김 팀장은 "미국 채권의 경우 국내 채권보다 상대적으로 금리가 더 높고 이미 인하 사이클이 시작되었기에 그 강도의 차이가 있을 수는 있다"며 "하지만 장기적으로 안정적인 수익을 만들 수 있고 경기 하강 리스크는 여전히 존재하기 때문에 예기치 못한 경기 침체 리스크에 적절하게 대응할 수 있다"고 언급했다.

이어 "주식은 선진국 분산투자를 권하고, 과도한 성장주의 집중은 줄여 나가야 할 것"이라며 "오랜 기간 동안 이익 대비 높은 주가는 항상 조정을 받았고, 현재 미국의 대부분 주식은 적정 가격보다 높아져 있다"고 했다. 또 "최근 강력한 부양책으로 상승하고 있는 중국 주식을 조금 담는 것도 괜찮지만 부양책이 적절히 작동하지 않는다면 빠른 매도도 필요하다"고 봤다.

김대수 팀장은 "기술주의 경우 빅테크와 반도체 섹터의 성장률 둔화 속에 고점에 대한 우려가 있는 것은 사실"이라며 "하지만 기술주에 대한 견고한 수요는 지속되고 있고, 첨단기술에 대한 패권 다툼이 계속되는 한 핵심 기술을 독점하고 있는 기업들을 중심으로 차별적 수혜가 지속될 전망"이라고 말했다.

최혜숙 부장은 저금리 기조가 지속되면서 안정적인 수익을 추구하는 추세에 따라 채권(장기물), 부동산, 금(원자재) 등을 추천했다. 최 부장은 "금리가 인하할 때 채권 가격이 상승하기 때문에 좋은 투자처가 될 수 있어 채권 상장지수펀드(ETF) 투자를 추천한다"며 "금은 대표 안전자산으로 불안정한 경제 환경에서 가격이 오를 가능성이 커 금을 직접 매수하거나 금 ETF에 투자하는 것도 좋은 방법"이라고 설명했다.

이어 "부동산은 1인 가구와 딩크족 등 소형 가구의 비중이 늘어나면서 대형 아파트보다는 소형 아파트나 오피스텔 수요가 증가할 전망"이라며 "비트코인 등 암호화폐와 블록체인은 안정적인 성장세를 이어갈 것으로 기대되지만 시장 진입 초기 특성상 높은 변동성을 감안해 공격적인 투자자 성향 위주의 소규모 편입을 추천한다"고 말했다.

"국내 주식·펀드는 피하라"… 안전·공격 투자 비중 잘 분배해야

2025년 추천하지 않는 투자는 국내 증시의 안 좋은 상황을 반영해 국내 주식 및 펀드가 꼽혔다. 정성진 부센터장은 "최근 국내 주식의 흐름을 보면 업종별 순환이 상당히 빠르고 긴급하게 이루어지고 있다"며 "전문 투자자도 힘든데 개인 투자자가 그 흐름을 따라가기는 상당히 힘들어졌다"고 전했다. 김대수 팀장은 "국내 주식형펀드는 추가 하락에 대한 부담은 적은 편이지만 수출 둔화와 기업 이익 하향이 부담스럽다"며 "주요 수출 품목인 반도체 경쟁력이 약해지고 있는 시기에 외국인 투자자의 수요를 확인하면서 보수적으로 접근할 필요가 있다"고 답했다.

최혜숙 부장은 레버리지투자를 '비추' 했다. 최 부장은 "레버리지는 추종하는 주가 혹은 지수의 3배까지 움직인다는 의미"라며 "그만큼 수익이 나면 크지만 투자한 돈을 한 번에 잃어버릴 수도 있다"고 했다.

투자 포트폴리오 구성 시 추천하는 안전자산과 공격적 투자자산의 비중(%)은 제각각이었다. 정성진 부센터장은 "안전자산은 70%, 투자자산은 30%로 분배하라"며 "투자자산에서 예상과 달리 손실을 보게 될 경우 안전자산에서 일부 인출해 투자자산에 투자, 평균 매입 단가를 낮춘 뒤 증시가 회복되면 조금 더 빨리 회복할 수 있다"고 제안했다.

김대수 팀장은 안전자산 40%, 공격적 투자자산 60%를 추천했다. 그는 "AI 등 성과 가시성 및 안정성 높은 산업 중심 투자가 이어지고 있고 안정적 이자수익 수취 및 금리 하락으로 인한 추가 자본 차익을 기대할 수 있는 국채 중심의 채권투자 전략도 유효하다"고 밝혔다.

최혜숙 부장은 △ 안전자산(50%) - 국내 단기채, 미국국채10년물(H), 금 현물 ETF △ 공격적 투자자산(50%) - 미국 S&P500(H), 미국나스닥100(H), 비트코인 등 암호화폐 등 '반반 투자'를 추천했다. 김도아 팀장은 △ 안전 투자 - 주식 21%, 채권 49%, 원자재(금) 6%, 예금 24% △ 중립 투자 - 주식 33%, 채권 37%, 원자재(금) 7%, 예금 23% △ 공격 투자 - 주식 48%, 채권 22%, 원자재(금) 8%, 예금 22%로 비중을 세분화했다.

빅테크 중심 성장 증시에서 하반기 눈여겨봐야 할 세부 업종 및 종목은 역시 반도체, AI였다. 최혜숙 부장은 AI, 반도체 업종에 대한 기대감이 크다며 엔비디아, 퀄컴, TSMC를 추천했다. 정성진 부센터장은 "여전히 반도체 업종에 대한 기대감이 있다"며 메모리 반도체(SK하이닉스), 비메모리 반도체(엔비디아), 파운드리 업체(TSMC), 반도체 검사장비업체(ASML) 등을 주목했다.

김도아 팀장은 미국 주식 중 유틸리티나 필수소비재를 꼽았다. 김 팀장은 "미국의 2024년 하반기 수익률을 보면 해당 종목들의 수익이 기술주 섹터보다 좋았다"며 "최근 경기둔화에 대한 우려가 줄어들자 다시 기술주의 수익률이 좋아지고 있는데 이 양쪽에 모두 투자하는 게 좋다"고 전했다. 이어 "지금의 밸류에이션에서 개인들이 선호하는 빅테크에 집중하는 투자는 변동성이 클 수 있다"며 "한국 주식은 증시 자금 이탈로 저평가 영역이기 때문에 우량주 위주의 매수는 좋아 보인다"고 덧붙였다.

2025년 경제·금융시장 전망

주: P-추정치, E-전망치
출처: 하나금융연구소

	2023년	2024년			2025년(E)		
	연간	상반기	하반기(P)	연간(P)	상반기	하반기	연간
GDP(%)	1.4	2.8	2.1	2.5	1.9	2.3	2.1
민간 소비(%)	1.8	1.0	1.6	1.3	2.0	2.1	2.0
건설 투자(%)	1.5	0.4	-1.8	-0.7	-3.1	1.1	-0.9
설비 투자(%)	1.1	-1.8	2.9	0.6	6.3	2.1	4.1
경상수지(억달러)	355	377	398	775	400	390	790
통관 수출(%)	-7.5	9.1	9.3	9.2	6.7	3.3	4.9
통관 수입(%)	-12.1	-6.4	7.6	0.3	5.6	2.4	4.0
소비자 물가(%)	3.6	2.8	2.0	2.4	2.0	1.9	2.0
국고 3년 금리(%)	3.57	3.35	2.88	3.12	2.70	2.44	2.57
원·달러 환율(원)	1,307	1,350	1,341	1,346	1,308	1,283	1,295

김대수 팀장은 "명확한 금리인하 방향성으로 수혜가 기대되는 섹터"라며 리츠 및 인프라 투자를 선택했다. 김 팀장은 해당 섹터가 "고금리 기조 아래 부채관리를 통한 안정적 재무 상태를 보유했고 배당수익률도 매력적"이라며 "금리 하락 국면에서 인프라 섹터에 모집된 자금이 더욱 활발하게 투입될 것"이라고 전망했다.

'5만 전자' 찍은 삼성전자… "버텨야 하는 시기"

코스피 대장주 삼성전자의 주가가 2024년 하반기 5만 원대를 오가고 있다. 불거지는 삼성전자 위기론에 대해 PB들은 '버텨야 할 시기'라고 입을 모았다.

최혜숙 부장은 "AI, 반도체 시장은 호황을 누리고 있는 반면 휴대폰, 컴퓨터 등 비 AI 반도체 시장은 여전히 실적이 호전되지 않고 있어 삼성전자의 고대역폭메모리(HBM) 시장 진입이 지연되고 있다"며 "다만 AI 칩 대장주 엔비디아의 최신 AI 칩 블랙웰의 1년 치 분량이 완판되어 주가가 사상 최고치를 경신, 공급망 핵심 기업인 SK하이닉스에 매수세가 몰리고 있다"고 했다. 이어 "여전히 향후 1년의 AI 반도체 시장 전망이 밝아 AI 반도체주 관련 기업에 대한 투자는 유효할 것"이라고 내다봤다.

김도아 팀장은 "여러 영역에서 삼성전자의 점유율이나 영업이익률이 계속 안 좋아지고 있기 때문에 우려는 당연하지만 6만 원 이하의 가격은 과도한 매도"라며 "손실 중이라면 보유하면서 반등을 바라보는 게 좋을 것 같고 산업 측면에서는 단기간에 반도체 중심의 투자보다는 성장주 내에서 일부 반도체 투자로 시야를 넓히는 게 좋다"고 제안했다.

김대수 팀장은 "글로벌 메모리 시장 강자인 한국 반도체는 경기에 유독 민감해 현재는 저평가 구간"이라며 "HBM 등 고부가 메모리 중심 지배력이 지속 강화되고 비메모리 생태계 구축을 통한 메모리 반도체 비중을 줄여나갈 것이다. 대외 수요가 다시 회복될 때까지 힘들지만 버텨야 하는 시기"라고 말했다.

PB들이 보는 2025년 적정 목표수익률은 적게는 5%에서 많게는 15%에 달했다. 정성진 부센터장은 "현재 정기예금의 1년 금리가 3% 중반 수준이며 이를 감안할 경우 7~15%의 목표수익률을 정하고 시장에 긴밀하게 대응하는 것을 추천드린다"라고 했다. 김대수 팀장은 "보수적으로 연 5~7% 내외 수준을 목표수익률로 설정하는 것이 바람직하다"고 했다. 최혜숙 부장과 김도아 팀장은 모두 연 6~8% 수익률을 제시했다. 김도아 팀장은 "단기적으로는 선진국의 모멘텀이 좋으니 비중을 가져가고, 장기적으로는 선진국 채권과 가격조정을 크게 받은 국내 우량주를 담는 것을 추천한다"고 말했다.

한편 하나금융연구소는 2025년도 한국 국내총생산(GDP) 성장률을 2.1%로 예상했다. 내수 회복에 힘입어 완만한 성장세를 보일 것으로 전망했다. 민간 소비와 설비 투자 증가율 역시 각각 2.0%와 4.1%로 2024년에 비해 개선될 것으로 보이며, 특히 국제유가 하락과 원·달러 환율 안정이 한국 경제에 긍정적인 영향을 미칠 것이라고 분석했다.

불확실성의 시대,
현명한 투자법

단기자금 운용

주식 변동성이 클수록 방망이는 짧게

국내외 증시 변동성이 커지면서 피난처를 찾는 투자자금이 파킹형 상장지수펀드(ETF)로 몰리고 있다. 파킹형 ETF 중 하나인 머니마켓펀드(MMF) ETF는 2024년 5월 처음 상장된 이후 선택지가 다양해지고 있다.

변동성 확대에 MMF ETF 선택지 확대

한국거래소에 따르면 2023년 5월 KB자산운용이 'RISE 머니마켓액티브'를 상장한 이후 2024년 들어 '히어로즈 머니마켓액티브', 'PLUS 머니마켓액티브', '1Q 머니마켓액티브', 'SOL 머니마켓액티브', 'HANARO 머니마켓액티브', 'KODEX 머니마켓액티브', 'PLUS 국공채머니마켓액티브'가 잇따라 상장되며 선택지가 모두 8개(10월 기준)로 늘어났다.

MMF ETF는 MMF와 같이 단기채권 및 기업어음(CP), 전자단기사채전단채 등 단기금융상품에 투자하는 것은 비슷하지만, MMF보다 완화된 요건으로 상대적으로 높은 성과를 추구한다.

KODEX 머니마켓액티브의 경우 다른 MMF ETF와 달리 1주당 10만 원으로 상장하며 실질 거래 비용을 낮춘 것이 특징이다. 호가 단위 5원에 맞춰 매수·매도 LP호가를 촘촘하게 제시해 실제 매수·매도 가격에 따른 거래 비용 절감 효과를 냈다. PLUS 국공채머니마켓액티브는 금융채 위주로 구성된 여타 MMF ETF와 달리 크레디트 위험이 없는 국공채에 주로 투자한다.

주요 파킹형 ETF의 시가총액 및 연초 이후 수익률

출처: ETF체크 단위: 억원, %
※ 2024년 9월 말 기준

파킹형 ETF	시가총액	연초 이후 수익률
KODEX CD금리액티브(합성)	87,474	2.77
TIGER CD금리투자KIS(합성)	65,490	2.78
KODEX 머니마켓액티브	20,520	(1년이 안 됨)
RISE 머니마켓액티브	17,696	3.12
SOL 초단기채권액티브	5,036	3.08

현명한 파킹형 ETF 투자법은?

미국의 경기침체 우려 속에 국내 증시 역시 박스권에 갇혀버렸다. 이에 개미들이 단기자금 운용에도 고심을 하고 있다. 0.1%라도 더 높은 이자를 받기 위해 파킹형 ETF에 돈을 넣거나 종합자산관리계좌(CMA)를 활용하는 개미들도 많아지고 있다.

코스콤이 자료를 제공하는 'ETF체크'에 따르면 2024년 1월부터 9월 말까지 'KODEX CD금리액티브(합성)' ETF로 무려 2조 7,844억 원이 순유입됐다. 같은 기간 RISE 머니마켓액티브로도 2,357억 원이, 1Q 머니마켓액티브로도 2,637억 원이 들어왔다.

파킹형 ETF란 차를 잠시 주차했다 빼는 것처럼 단기자금을 운용하는 ETF로, 양도성예금증서(CD), 한국무위험지표금리(KOFR) 등 초단기 채권의 금리를 일할계산해 복리로 반영하는 상품이다. 은행의 파킹통장 상품처럼 하루만 돈을 넣어도 이자를 받을 수 있어 2022년 이후 다양한 상품이 출시됐다. 예금과 달리 중도환매도 자유롭고, 증권사 계좌에서 바로 매수할 수 있다는 것도 장점으로 손꼽힌다.

파킹형 ETF도 투자처에 따라 차이가 있어 이를 살펴 투자해야 한다. 어떤 기초자산에 투자하느냐에 따라 안전성 여부, 금리 등이 달라지고 환율 등의 영향도 받기 때문이다.

가장 대표적인 파킹형 ETF는 CD에 투자하는 상품으로 은행이 예금을 맡았다고 인증하는 증서다. 은행이 발행하는 만큼 안전하다는 점이 특징이나 국채보다는 위험해 국채금리보다 소폭 높은 수준이다.

파킹형 ETF에서 자주 이용하는 KOFR는 기관 간 환매조건부채권(RP) 실거래를 기반으로 한국예탁결제원에서 산출한 금리다. 익일물 국채·통화안정채권(통안채)을 담보로 하는 이 상품은 이름 그대로 '무위험 투자'에서 기대할 수 있는 수익률을 제공한다.

미국무위험지표금리(SOFR)는 뉴욕 연방준비은행이 미국 국채를 담보로 하는 1일 RP 거래를 기반으로 산출하는 금리다. 이 상품은 환 노출 방식으로 투자하기 때문에 원·달러 환율 하락 시 원금 손실 우려가 있다는 점에 유의해야 한다.

이외에도 특정 금리를 추종하진 않지만 만기 3개월 이내의 초단기 채권에 분산투자하는 상품도 파킹형 ETF로 분류된다. 이를테면 KB자산운용의 RISE 머니마켓액티브의 경우 만기 3개월 이내 단기채권과 CP 70~80%, 현금성자산에 20~30%를 투자한다.

ETF인 만큼 거래 비용과 총 보수도 고려해 수익을 최대화할 수 있는 상품을 선정해야 한다. 박승진 하나증권 연구원은 "파킹형 ETF는 거래 비용의 중요성이 다른 종목들에 비해 커질 수밖에 없다"며 "주가 수준에 따라 거래 시 발생하는 호가 움직임에 의한 수익률 변화폭이 달라지는 만큼 호가 차이에서 발생하는 비용도 판단 기준으로 봐야 한다"고 조언했다.

순자산 7배 ↑ … 쏟아지는 커버드콜 ETF

안정적인 월 배당에 대한 수요가 늘어나면서 커버드콜 ETF 시장이 빠르

주요 커버드콜 ETF와 상장일

출처: 한국거래소
※ 2024년 10월 기준

종목명	상장일
TIGER 200커버드콜OTM	2012/10/25
KODEX 미국S&P500배당귀족커버드콜(합성 H)	2017/08/10
TIGER 200커버드콜	2018/02/09
RISE 200고배당커버드콜ATM	2018/02/27
TIGER 미국나스닥100커버드콜(합성)	2022/09/22
KODEX 미국배당커버드콜액티브	2022/09/27
TIGER 미국배당다우존스타겟커버드콜2호	2023/06/20
TIGER 미국배당다우존스타겟커버드콜1호	2023/06/20
TIGER 배당커버드콜액티브	2023/12/12
RISE 미국30년국채커버드콜(합성)	2023/12/14
SOL 미국30년국채커버드콜(합성)	2023/12/27
TIGER 미국테크TOP10타겟커버드콜	2024/01/16
KODEX 테슬라커버드콜채권혼합액티브	2024/01/23
TIGER 미국30년국채커버드콜액티브(H)	2024/02/27
RISE 200위클리커버드콜	2024/03/05
ACE 미국빅테크7+데일리타겟커버드콜(합성)	2024/04/23
ACE 미국500데일리타겟커버드콜(합성)	2024/04/23
ACE 미국반도체데일리타겟커버드콜(합성)	2024/04/23
KODEX 미국30년국채타겟커버드콜(합성 H)	2024/04/30
TIGER 미국S&P500타겟데일리커버드콜	2024/05/21
KODEX 미국AI테크TOP10타겟커버드콜	2024/05/28
KODEX 미국배당다우존스타겟커버드콜	2024/05/28
TIGER 미국나스닥100타겟데일리커버드콜	2024/06/25
PLUS 고배당주위클리커버드콜	2024/08/13
RISE 미국배당100데일리고정커버드콜	2024/09/24
RISE 미국AI밸류체인데일리고정커버드콜	2024/10/02
RISE 미국테크100데일리고정커버드콜	2024/10/02

게 성장하고 있다. 새로운 상품도 경쟁적으로 쏟아지고 있다.

한국거래소에 따르면 유가증권시장에 상장한 커버드콜 ETF 27개(2024년 10월 기준) 가운데 16개 상품이 2024년 들어 새로 상장된 것으로 집계됐다. 커버드콜 ETF 순자산 규모는 2023년 말 7,357억 원에서 5조 2,071억 원 수준으로 2024년 들어 7배 넘게 늘어났다.

커버드콜 ETF는 특정 기초자산을 보유하는 동시에 해당 자산의 콜옵션을 매도하는 전략을 활용하는 ETF를 말한다. 콜옵션은 기초자산을 미리 정한 가격에 살 수 있는 권리로, 콜옵션 매도자는 대가로 '프리미엄'을 받는다. 이를테면 현재 가격이 1만 원인 기초자산을 한 달 뒤 2만 원에 살 수 있는 권리, 콜옵션을 팔 수 있다. 기초자산의 가격이 2만 원 이상 오르면 콜옵션 매수자가 권리를 행사하기 때문에 시세차익을 얻을 수 없지만, 만약 기초자산이 1만 원에서 2만 원 이하라면 추가 이익을 얻을 수 있다. 커버드콜 ETF는 이 콜옵션 프리미엄으로 추가 분배 자원을 마련해 꾸준하게 분배금을 지급한다.

매달 분배금을 받을 수 있는 매력에 수요가 늘어나면서 커버드콜 ETF 상품도 기초자산과 콜옵션 매도 비중, 행사 가격 등에 따라 다양해지고 있다. 국내에 상장한 커버드콜 ETF 가운데 규모가 가장 큰 상품은 지난 2024년 2월 상장한 'TIGER 미국30년국채커버드콜액티브(H)'로, 미국 장기채에 커버드콜 전략을 활용한다.

콜 매도 비율을 고정한 방식의 커버드콜 ETF 상품도 나왔다. 2024년 9월 상장된 'RISE 미국배당100데일리고정커버드콜'은 국내 출시 주식형 커버드콜 ETF 중 처음으로 콜 매도 비율을 고정한 상품이다.

다만 커버드콜 전략은 시장이 횡보할 때는 적합할 수 있지만 상승장에서는 수익이 제한된다는 점을 고려해야 한다. 콜옵션 매도 비중이 높을수록 분배금은 커질 수 있지만 상승장에선 콜옵션 매도로 기초자산의 가격 상승

에 따른 자본 차익을 온전히 누릴 수 없다.

이 같은 점을 고려해 투자자는 투자 성향에 따라 기초자산의 흐름과 옵션 매도 비중 등을 고려해 상품을 선택해야 한다. 일반적으로 콜옵션 매도 비중이 100%인 상품은 주식 변동성을 낮추면서 일정한 인컴(수입)을 추구하는 투자자에게, 옵션 비중을 낮춘 상품은 일정한 인컴 수익과 함께 주가 상승에 투자하고 싶은 투자자에게 적합하다.

달러 약세 시대에 웃는
ETF 투자전략은

연방준비제도(Fed·연준)의 '피벗(통화정책 전환)'으로 달러의 힘이 빠지면서 달러 가치에 영향을 받는 환 노출형과 환 헤지형 해외 투자 상장지수펀드(ETF) 사이에서도 희비가 엇갈리고 있다. 그간 강달러 속 '환 노출형' ETF에 투자해 환차익을 부가적으로 얻었다면, 약달러 기조에서는 오히려 환차손이 발생하기 때문이다. 이에 따라 '환 헤지형' ETF가 새롭게 주목을 받는 등 ETF의 투자전략이 변화하고 있다.

피벗으로 달러 약세, 환 헤지 ETF 주목

2024년 9월 연준이 금리인하를 결정한 이후 환 노출형 ETF와 환 헤지형 ETF의 수익률이 엇갈렸다. 예를 들어 연준의 금리인하 결정 전인 'RISE 미국S&P500'의 1개월(8월 2일~9월 3일) 수익률은 2.39%로 나타났다. 그런데 같은 지수를 추종하는 상품이지만 '환 헤지형'인 'RISE 미국S&P500(H)'의 수익률은 4.40%로 나타났다.

또, 'ACE 미국30년국채액티브'의 1개월 수익률은 -1.09%로 나타났지만, 같은 기간 'ACE 미국30년국채액티브(H)'의 수익률은 0.92%로 집계됐다. 환 노출형은 환차손까지 더해지며 마이너스 수익률이었지만, 환 헤지형은 플러스 수익률을 유지한 셈이다.

환 노출형 ETF는 환율 변동에 따라 투자자산의 가치가 변동하는 것을 그대로 반영해 환차익·차손이 발생하지만, 환 헤지형 ETF는 환율 변동에 따른 달러 표시 자산의 가치 변동을 최소화하고 가격 변동만 반영한다.

이에 따라 달러 약세가 나타날 때는 환차손이 발생할 것을 대비해 똑똑한 투자자들은 환 헤지형 ETF로 포트폴리오를 바꾸곤 한다. 물론 통상 환 헤지형 ETF는 헤지에 들어가는 비용이 발생한다는 점을 고려해야 한다.

이 밖에 환 헤지형 ETF로 갈아타는 것 이외에도 달러 약세 시기에 달러 가치를 역으로 추종하는 ETF도 주목해볼 만하다. 대표적으로 'KODEX 미국달러선물인버스'와 'RISE 미국달러선물인버스' ETF가 있다.

다만, 금융투자업계에서는 장기적인 투자 관점에서 봤을 때 환율의 오르내림은 그다지 중요하지 않다고 말한다. 단기적으로는 차이가 나타날 수 있으나 결국 시장에서 자연스럽게 기준선이 형성된다는 이유 때문이다.

한 금융투자업계 관계자는 "금리인하 사이클 시작에 대한 기대감으로 달러의 단기적 약세 움직임이 전개될 수 있겠지만, 결국 금리인하 폭에 대한 눈높이가 조정되면서 달러도 이를 반영한다"고 강조했다.

주요 해외 투자 환 노출형·환 헤지형 ETF 1개월 수익률

단위: %
※ 2024년 8월 2일~9월 3일 기준
출처: 코스콤

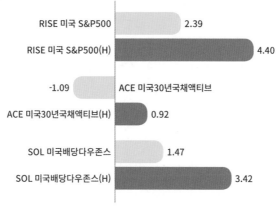

RISE 미국 S&P500	2.39
RISE 미국 S&P500(H)	4.40
ACE 미국30년국채액티브	-1.09
ACE 미국30년국채액티브(H)	0.92
SOL 미국배당다우존스	1.47
SOL 미국배당다우존스(H)	3.42

달러 약세에 날개 달린 인도·베트남 등 신흥국들

미국 연준의 금리인하가 시작된 이후 인도와 베트남 등 경제성장 잠재력이 있는 신흥국들이 활짝 웃었다. 달러 약세와 함께 달러 유동성이 확대되고, 이 자금이 신흥국들로 흘러 들어갔기 때문이다.

지난 2024년 9월 연준의 빅컷(0.50%포인트 금리인하) 이후 인도 증시의 대표 지수 중 하나인 니프티50(Nifty50)은 신고가를 연일 경신하며 천장을 뚫었다. 인도뿐만 아니라 베트남도 주목받고 있다. 호치민 거래소에 상장한 대형주 30개 종목으로 구성한 베트남 대표 지수 중 하나인 VN30은 연초 이후 약 18% 상승하며 1300포인트에 안착했다.

통상 달러 약세 시기에는 신흥국들이 강세를 보이는 경향이 있다. 2024년 미국의 금리인하 기조 역시 정석대로 과거의 패턴을 따라갔다. 상대적으로 신흥국 통화가 강세를 나타내면 신흥국 수출 기업의 수익이 늘어나고 경제성장이 촉진된다. 이와 함께 미국 내 저금리 환경이 조성되면 더 높은 수익을 기대할 수 있는 신흥국시장으로 자본이 이동한다.

한 금융투자업계 관계자는 "미국 금리인하는 글로벌 긴축완화로 이어지고 글로벌 경기가 개선되는 역할을 한다"며 "첫 금리인하를 50bp(1bp=0.01%포인트)로 시작한 만큼 인하 효과는 커질 수 있고, 위험자산을 선호하는 모습이 될 가능성이 높다"고 전했다.

특히 인도와 베트남을 주목하는 이유는 중국 이후 '세계의 공장'으로 거듭날 것으로 시장이 기대하고 있기 때문이다. 인도는 나렌드라 모디(Narendra Modi) 총리가 3연임에 성공해 정치적 안정을 찾은 이후 반도체산업 육성에 드라이브를 걸고 있다. 약 14억 명의 거대한 내수시장과 함께 디지털전환도 빠르게 이뤄지고 있다는 점도 강점이다. 베트남 역시 약 1억 명의 인구에 매년 5% 이상의 경제성장률을 기록하는 중이다.

이에 따라 국내 ETF도 인도, 베트남에 투자할 수 있는 상품에 수요가 몰리고 있다. 수익률도 가팔라지고 있다. 2024년 10월 기준 인도 대표 지수를 추종하는 'KODEX 인도Nifty50'은 연초 이후 19.84% 상승했고 베트남 대표 지수를 추종하는 'ACE 베트남VN30(합성)' ETF도 19.81% 오름세를 보였다.

최근 운용업계도 발 빠르게 인도와 베트남 등 신흥국시장을 위한 신상품을 내놓고 있다. 미래에셋자산운용은 인도의 소비재 등 기업에 투자할 수 있는 'TIGER 인도빌리언컨슈머'를 2024년 5월 선보였다. 삼성자산운용도 인도 타타그룹을 따르는 테마형 ETF인 'KODEX 인도타타그룹'을 같은 달 내놓기도 했다.

한국투자신탁운용은 2024년 10월 초 인도의 가전, 자동차, 헬스케어 등 자유소비재 업종에 압축 투자하는 'ACE 인도컨슈머파워액티브'와 인도 대표 상위 5대 그룹과 핵심 계열사에 집중 투자하는 'ACE인도시장대표BIG5그룹액티브'를 출시했다.

돌 반지 한 돈에 50만 원 돌파,
2025년에도?

미국 연방준비제도(Fed·연준)가 기준금리 '빅컷(0.50%포인트 금리인하)'을 단행한 후 금값이 천장을 뚫고 있다. 미국발 금리인하기가 시작됐고, 중동 지정학적 불안 요소가 커지면서 대표 안전자산 금의 투자 매력이 커지고 있다는 해석이 나온다. 금값이 국내외에서 매일 최고가를 써내려가고 있는 가운데 단기 변동 폭에 유의해 투자에 임해야 한다는 조언도 나온다.

중동 갈등, 미국 금리인하가 금값 상승 견인

2024년 10월 15일 한국금거래소에 따르면 순금(24k·3.75g)을 살 때 가격은 49만 3,000원으로 전달 같은 기간보다 8,000원 올랐다. 두 달 전(8월 중순) 대비 4만 1,000원, 연초(1월 중순) 대비로는 무려 12만 4,000원이나 뛰었다. 이날 기준 금거래소에서 판매하는 '순금 돌반지(아기천사·3.75g)'의 가격은 52만 7,000원으로 전달보다 8,000원 올랐다.

국제 금 가격도 사상 최고가를 새로 써내려가며 무섭게 상승 중이다.

2024년 10월 중순 외신에 따르면 뉴욕상업거래소에서 그해 12월 인도분 금 선물 가격은 트로이온스당 2,670.00달러에 거래됐다. 사상 최고가를 또다시 경신했다. 연초 1월 2,073.40달러에서 600달러 넘게 가격이 뛴 셈이다.

금은 안전자산이다. 따라서 지정학적 리스크가 클수록 수요가 늘어나는 경향이 있다. 현재 2022년 이후 러시아-우크라이나 전쟁과 중동 전쟁이 장기화하고 있어 금 수요 매력도가 높다. 이에 따라 2024년 금 가격 상승을 일부 견인했던 안전자산 수요, 그중에서도 지정학적 갈등의 영향은 이스라엘과 이란 간 갈등 양상에 따라 좌우될 전망이다.

금리가 하락하면 인플레이션 가능성이 커지는데 금은 보통 인플레이션의 '헤지' 수단이 된다. 미국 금리인하는 달러 약세로 이어지며, 이 역시 달러로 표시되는 국제 금 가격 상승에 영향을 미치는 것이다. 2024년 연초 대비 20% 넘게 가격이 상승한 금은 수급 우려가 불거진 커피와 주석을 제외하면 원자재 중 가장 좋은 성과를 보이고 있다. 연준의 통화정책이 변곡점을 마주한 시점에 금 가격 상승세가 2025년까지 이어질 수 있을지에 대한 관심이 높아진 모습이다.

금 가격의 주된 변동 요인은 미국 금리와 달러화 가치다. 이자를 제공하지 않는 금은 미국 금리와 강한 음의 상관관계를 띄는데, 이는 곧 명목금리(기준금리) 혹은 실질금리가 하락하는 시기에 가격이 상승할 가능성이 높다는 뜻이다. 연준의 정책 전환이 시작될 것으로 예상되면서 미 국채 10년물 수익률과 10년물 물가연동국채(TIPS) 금리 모두 2024년 4월 정점에서의 추세적 하락이 목격되고 있다. 이는 금 가격 상승 요인이 될 수 있다.

달러화로 표시되는 금 가격은 달러 인덱스와도 역의 상관관계를 띤다. 금리와 마찬가지로 미국 달러 가치는 연준의 정책 금리인하가 확실시되면서 2024년 6월 이후 약세로 돌아섰고, 8월에는 연초 수준까지 회귀했다. 연준의 금리인하 기대감과 더불어 2024년 7월 일본은행(BOJ) 긴축 이후 엔화의

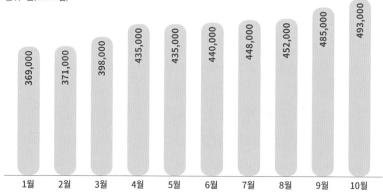

2024년 국내 순금(24k·3.75g) 매입가격 추이

출처: 한국금거래소
단위: 원(VAT포함)

1월	2월	3월	4월	5월	6월	7월	8월	9월	10월
369,000	371,000	398,000	435,000	435,000	440,000	448,000	452,000	485,000	493,000

상대적인 가치 상승이 부각되는 점이 추후에도 달러 하락을 지지할 것으로 보이며 달러 약세가 심화될수록 금 투자 매력은 높아질 전망이다.

금에 투자하는 가장 전통적인 방법은 금 실물을 구매하는 것이다. 그러나 부가가치세(부가세)와 수수료 등을 지불해야 하고 보관과 수익 실현이 쉽지 않다. 투자자들이 가장 쉽게 금에 투자할 수 있는 방법은 증권사 계좌를 이용, 한국거래소(KRX) 금시장에서 주식처럼 금 현물을 사고 파는 것이다. 계좌에만 가지고 있을 때는 부가세를 내지 않아도 되며 실물로 인출할 때 부가세를 내야 한다.

금 가격이 오르면서 KRX 금시장의 거래대금도 크게 확대됐다. 최근 인기를 끌고 있는 금 관련 상장지수펀드(ETF)에도 자금이 몰리고 있다. 보수 수수료 등 비용이 발생하지만 연금저축계좌나 개인종합자산관리계좌(ISA) 등에서 운용하며 절세 혜택을 볼 수 있는 점이 장점으로 손꼽힌다.

이 때문에 금 현물에 직접 투자하는 한국투자신탁운용의 '에이스 KRX 금현물' ETF에는 2024년 3분기에 512억 원이 넘는 돈이 몰렸다. 이 상품의 2024년 10월 기준 한 달 수익률은 15.23%에 이른다. 금 선물에 투자하는 ETF인 삼성자산운용의 'KODEX 골드선물(H)'과 미래에셋자산운용의 'TIGER 골드선물(H)'도 2024년 10월 들어 8%대 수익률을 나타냈다.

다만 금 관련 ETF를 고를 때 상품 종류와 운용 방식 등을 고려해 투자해야 수수료 등 비용을 아끼고 더 많은 수익을 챙길 수 있어 유의해야 한다. 금 선물 ETF 상품의 경우 만기를 연장해야 하기 때문에 이에 대한 '롤오버(만기 연장)' 비용이 발생한다.

지금처럼 환율 변동이 큰 상황에서는 환 헤지(위험 회피) 상품인지 여부도 따져봐야 한다. ETF 이름에 (H)가 있는 것은 환을 헤지하는 상품으로, 달러 가치의 영향을 최대한 받지 않도록 설계한 것이 특징이다. 원·달러 환율이 떨어져도 ETF 수익에 영향을 받지 않을 수 있는 것이 장점으로 손꼽히지만 강달러가 지속하는 경우에는 손해를 볼 수 있다.

'당근마켓' 등 중고마켓에서는 개인 간 거래도 활발하다. 거래소 등에서 금 실물을 구매하려면 10%의 부가세와 6%의 수수료 등을 내야 하지만 개인 간 거래에서는 이를 아낄 수 있기 때문이다. 다만 순금 등은 쉽게 현금화가 가능한 상품으로 사기와 탈세 등 범죄에 악용될 수 있어 중고거래 업체에서는 100만 원 이상의 거래를 금지하는 등 가이드라인을 정해두고 있다.

글로벌 중앙은행의 적극적 금 매수, 금값 사상 최고치 경신 전망

투자업계에서는 금 가격이 사상 최고치를 경신하고 추가 상승도 가능할 것으로 전망하고 있다. 2024년 9월 미국 연준이 미국 경기회복을 위해 0.5% 포인트 금리인하를 발표하면서 그동안 높은 수준을 유지했던 금 가격이 추가로 상승했다. 당초 연준이 9월에 금리인하에 나설 것으로 예상됐는데, 인하 폭에 대해서는 의견이 엇갈렸었다. 기존 몇 년간은 금리상승기임에도 불구, 각국 중앙은행의 대규모 금 매수와 아시아 투자자 및 소비자들의 금 수요 증가로 금 가격이 높게 유지되었는데 최근에는 금리인하 및 미 달러 약세에 대한 기대감이 금 가격 상승을 견인하고 있다.

향후 금 가격 상승 가능성을 결정짓는 요인은 연준의 금리인하 빈도와 폭, 그리고 침체 여부가 될 전망이다. 특히 2024년 4분기는 금 소매 강국인 인도의 결혼식 시즌이 도래하면서 전통적으로 금 수요가 높아지는 기간이다. 한동안 위축됐던 미국 상품선물거래위원회(CFTC)의 투기적 순매수 포지션이 다시 증가세로 돌아섰고, 북미와 유럽 펀드 보유량 증가로 전 세계 금 ETF가 순유입세를 기록 중이다. 중국 시중은행에 대한 인민은행의 금 수입 쿼터(할당) 재개 등은 금 가격의 추가 상승세를 뒷받침하고 있다.

실제로 인민은행은 2022년 이후 미국 국채 보유량을 줄이는 대신 금 비중을 대폭 확대했다. 미국 국채 보유액이 2015년 1조 2,700억 달러에서 2024년 7,800억 달러로 감소한 반면 외환보유고에서의 금 비중은 2015년 1.8%에서 2024년 4.9%까지 증가했다. 중국 정부는 앞으로도 외환보유고에서의 금 비중을 확대할 가능성이 높으며, 이는 곧 추가적인 금 매입으로 이어질 수 있다.

인민은행뿐 아니라 여타 국가 중앙은행들도 매수 행렬에 동참하고 있다. 그에 따라 각국 중앙은행의 2024년 2분기 금 수요(183t)는 가격 레벨이 상당히 높아졌음에도 오히려 2023년 같은 기간(173t) 대비 확대된 것으로 나타난다. 실제 각 나라 중앙은행이 금을 대거 매수하면서 금값이 뛰었다. 각국 중앙은행은 러시아·우크라이나 전쟁이 시작된 2022년부터 금을 꾸준히 담고 있다. 중앙은행들은 2024년 상반기 금 483t을 샀는데 이는 상반기 기준 역대 최고치다.

6월 세계금협회(WGC) 설문에 따르면 69개 중앙은행 중 81%는 향후 12개월 동안 전 세계 중앙은행 금 보유량이 증가할 것이라고 응답했다. 금 보유에 대한 이 같은 긍정적인 인식과 실제 매수 수준으로 미루어 보았을 때 글로벌 중앙은행들은 금 가격을 지지하는 주된 축이다.

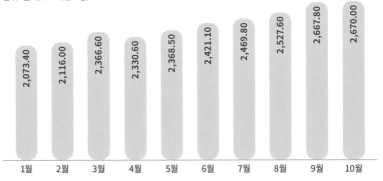

2024년 금 선물 가격 추이(12월 인도분)

출처: 뉴욕상업거래소
단위: 달러(트로이온스당)

1월	2월	3월	4월	5월	6월	7월	8월	9월	10월
2,073.40	2,116.00	2,366.60	2,330.60	2,368.50	2,421.10	2,469.80	2,527.60	2,667.80	2,670.00

2025년에도 상승 여력 존재하나 과도한 투자는 금물

2025년 금 가격에도 상승 여력이 있다고 시장에서는 보고 있다. 우선, 일반적으로 금과 역의 상관관계를 갖는 금리 및 달러화 가치의 하향 안정화는 금 상승 모멘텀으로 작용한다. 그와 더불어 중국 인민은행을 위시한 중앙은행들의 매수세가 이어지는 점도 금을 둘러싼 우호적 환경을 조성하고 있다. 신흥국 중앙은행들은 2022년 서방국에 의한 러시아 외화 자산 동결 이후 금 보유 비중을 늘려가는 추세다. 이 같은 매수 수요는 금 가격이 높아진 2024년 2분기에도 크게 달라지지 않았다. 금리인하 사이클이 시작되는 새로운 국면으로 접어드는 가운데 금의 상승 추세는 2025년에도 계속될 전망이다. 옥지회 삼성선물 연구원은 2025년 1분기 평균 금 가격은 2,850달러로 전고점을 경신한 이후, 높아진 가격 레벨에 한동안 머무르며 2분기와 3분기 각각 2,800달러와 2,700달러를 기록할 것으로 예측했다.

옥 연구원은 "미국의 추가 금리인하 등 현재 수준의 가정이 지속한다면 2024년 금 가격은 2,750달러까지 상승을 시도할 것이다"라며 "4분기 금 소매 강국인 인도의 결혼식 시즌이 도래하면서 전통적으로 금 수요가 높아지는 기간이라는 점을 고려하면 추가 상승 여지가 있다"고 설명했다.

여느 광물과 마찬가지로 광산 공급 어려움이 지속되는 점은 금 가격 하단을 지지하는 요인이 될 수 있다. 오늘날 대부분의 광물은 전 세계적인 광산 노후화와 광석 등급 하락, 정부 허가 및 프로젝트 지연 등의 문제에 직면해 있는데, 공급 문제에는 금도 예외가 아니다.

금 공급은 신규 채굴과 재활용이라는 두 가지 항목으로 나뉜다. 금은 부식되지 않는 성질 때문에 재활용하더라도 품질이 낮아지지 않는다. 따라서 한 번 채굴되면 계속해서 사용한 후 재활용할 수 있다. 그러나 해당 자산 특성상 장신구로 사용하거나 장기적으로 보유하는 경우가 많다. 금 가격이 상승하면 재활용되는 금도 늘어나기는 하지만 전체 금 공급에서 차지하는 비중은 23~29%로 일정하게 유지되는 이유다.

실제 금 광산 생산은 정체기에 접어들었다. WGC에 따르면 2023년 금 생산량은 전년 대비 0.5% 증가하는 데 그쳤다. 이는 2021년과 2022년의 2.7%, 1.35% 증가와 대비된다. 금 광산 생산 성장이 둔화하는 이유는 여느 광물과 마찬가지로 금의 대량 채굴이 자본집약적이며 탐사 및 개발에 상당한 기간 (평균 10~20년)이 소요되기 때문이다. 또한 신규 채굴되는 금의 품질이 하락하면서 금 생산 비용이 증가했다. 현재 금 가격이 상승했기 때문에 채굴 기업의 마진이 확보돼 금 생산량도 비례하여 늘어날 것으로 보인다. 그러나 높아진 채굴 비용이 금 가격의 하방을 높일 수도 있다.

한편 금값이 장기적 우상향을 그려온 것은 맞지만 단기적으로는 폭락과 반등을 거듭해온 양상이 있기 때문에 투자에 유의해야 한다는 조언도 있다. 김도아 우리은행 TCE시그니처센터 PB팀장은 "금이 장기적으로 연 7%가량 수익을 내는 안전자산이고 최근 가격이 아주 높은 것도 사실이지만 가격 변동 폭도 심한 편"이라며 "더 뛸 것 같다고 많이 담기보다 자산 포트폴리오상 비중을 5~10% 정도를 유지하는 분할매수 전략을 추천한다"고 말했다.

반도체

'5만 전자' 찍은 삼성전자,
반도체 살까 말까?

2024년 9월은 삼성전자의 '암흑기'였다. 글로벌 투자은행(IB)이 삼성전자를 향해 잇따라 비관적인 평가와 전망을 내놨기 때문이다. 이는 외국인 투자자들의 투자심리를 위축시켰고, 삼성전자의 주가는 바닥을 뚫었다.

그러나 국내 증권사는 이에 정면 반박하면서 때아닌 대결 구도가 만들어졌다. 삼성전자의 경영환경이 녹록지 않다고 보면서도 외국계 금융사들의 비관론이 과도하다는 비판이 제기되면서다. 특히 인공지능(AI) 반도체에 대한 전망에서 국내외 금융사들의 전망이 확연하게 갈리며 삼성전자에 대한 투자심리도 크게 흔들렸다.

한국거래소에 따르면 외국인은 2024년 9월 한 달간 하루를 제외하고 모든 거래일 동안 삼성전자를 팔아치웠다. 이 기간 외국인의 순매도 규모는 약 8조 원을 넘어섰다. 외국인들의 투자심리가 악화한 것은 글로벌 금융사들이 잇따라 삼성전자에 대한 비관론을 제시하며 우려를 키운 영향 때문이다.

글로벌 투자은행 모건스탠리는 당시 삼성전자의 메모리 부문 업황 악화를 이유로 목표가를 10만 5,000원에서 7만 6,000원으로 내렸다. 이어 글로벌 금융그룹 맥쿼리 역시 메모리 부문의 수요 악화를 근거 삼아 투자 의견을 '중립'으로 낮췄고, 목표가를 12만 5,000원에서 6만 4,000원으로 반토막 냈다. 이외 미국의 금융사 서스케하나는 삼성전자에 대한 투자 의견을 '중립'으로 하향하고, 목표가를 5만 5,000원까지 낮추기도 했다.

외국계와 국내 업계 때 아닌 대결 구도

외국계 금융사들이 삼성전자에 대해 비관적인 평가를 내린 가장 큰 원인은 메모리 반도체의 업황이다. 이들은 메모리 반도체의 공급 과잉에 따라 판매 가격이 하락세에 접어들었다고 분석했다.

또한 그간 기대를 모았던 고대역폭메모리(HBM) 시장에서도 삼성전자가 엔비디아 납품 지연 등 이슈로 경쟁력을 잃었다고 봤다. 이 밖에 주요 고객사들의 부족한 수요로 테일러 팹(생산공장)이 유휴자산이 될 가능성이 커 파운드리 사업에 대한 비용 부담이 늘어날 것이라고도 평가했다.

반면, 국내 증권사의 전문가들은 외국계 금융사와 결이 다른 시각으로

삼성전자 주가 ※ 종가 기준
출처: 한국거래소
단위: 원

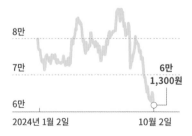

2024년 9월 외국인 누적 순매도 규모
※ 9월 2일~10월 2일 기준
출처: 엠피닥터
단위: 원

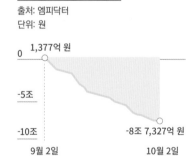

불확실성의 시대, 현명한 투자법

삼성전자를 평가했다. 경기 민감 산업인 반도체 업황이 다운 사이클에 가까워졌다고 보면서도, AI 반도체나 서버 인프라와 관련된 분야에서는 낙관적인 전망을 펼쳤기 때문이다.

한 증권사 관계자는 "경기 민감 산업인 반도체 업황이 좋지 않고, 삼성전자에 대한 우려도 일부 맞는 얘기"라면서도 "AI 수요가 앞으로 뻗어나갈 것이고, 그 과정에서 범용 수요가 현재는 안 좋지만 앞으로 좋아질 수 있다고 기대한다는 점에서 외국계 금융사와 정반대의 입장"이라고 했다.

실제 국내 증권사 리포트들을 살펴보면, AI칩과 관련된 엔비디아의 퀄 테스트 통과와 함께 HBM 시장에서 삼성전자의 차세대 제품 출시에 대한 기대는 여전히 크다. 김형태 신한투자증권 연구원은 "공급자 중심 메모리 수급 환경이 유지되며 우려 대비 양호한 2025년 업황이 기대된다"며 "연내 예상되는 HBM 시장에서의 성과 확인도 반등 재료로 작용할 가능성이 있다"고 강조했다.

이에 따라 국내 증권사들은 삼성전자에 대한 목표가를 하향하면서도 외국계 금융사처럼 큰 폭으로 낮추지는 않았다. 금융정보업체 에프앤가이드에 따르면 2024년 9월 당시 국내 주요 증권사의 삼성전자 목표가 평균은 9만 9,560원이다. 직전 평균 목표가인 10만 8,320원에서 약 8.08% 눈높이를 낮췄지만 맥쿼리가 제시한 6만 4,000원과 비교하면 35%의 괴리율을 보였다.

가격 측면에서도 삼성전자가 5~6만 원대에 접어들면 과매도 구간이라며 반등할 것이라는 의견도 제기됐다. 한 금융투자업계 관계자는 "삼성전자 사업구조 자체가 모바일 쪽 의존도가 높고, 반도체(DS) 부문에 우려가 반영되고 있지만 삼성전자의 가격이 6만 원대 수준이면 밸류에이션 상으로 저점 부근"이라고 말했다.

누가 삼성전자의 전망을 맞췄는지는 향후 삼성전자의 중장기적인 성과에 달렸다. 이들의 싸움은 여전히 현재 진행 중이다.

성장주

유망주 단골손님들,
'성장주'의 시대는 과연 올까

　로봇주(株)는 연초만 되면 겨울잠에서 깬다. 미래기술을 미리 엿볼 수 있는 세계 최대 규모의 전자 및 기술 박람회 CES(Consumer Electronics Show)가 매년 1월에 개최되기 때문이다.

매년 1월 말 되면 기지개… 성장주의 대표 주자 로봇주

　특히 CES에 매년 빠지지 않고 나오는 기술은 로봇 관련 기술이다. 기술력 있는 기업들은 지난 1년 동안 로봇과 관련해 진일보된 기술을 선보이며, 미래 영화 속에서만 나오던 로봇기술들이 가시화했다고 소개한다. 자금력이 풍부한 대기업들은 박람회를 통해 로봇 사업에 대한 의지를 다시 한번 드러내곤 한다. 그렇게 증시의 '유망주' 단골손님으로 등장했던 로봇주들은 급등하지만 CES가 끝나면 소리소문없이 사라진다. 실제로 2023년 연말부터 주가가 가파르게 올랐던 두산로보틱스는 2024년 CES가 끝나고 상반기에만 약 30%가량 하락했고, 레인보우로보틱스도 약 10%대 내림세를 걸었다.

　미래에 로봇의 시대가 도래할 것이라는 점은 누구나 상상해볼 수 있지만, 언제가 될지는 모르기 때문에 기대감이 사그라든 셈이다.

　그러나 인공지능(AI)이 증시의 주도주로 자리 잡은 이후부터는 로봇주에도 햇볕이 들 것이라는 전망이 제기됐다. 로봇주들도 AI처럼 어느 한 변곡점을 지나면 과거의 패턴과는 달리 폭발적인 성장을 이룰 것이라는 분석이 곳곳에서 나오기 때문이다. 한국과학기술기획평가원은 전 세계 로봇 시장 규모가 2020년 250억 달러였으나, 오는 2030년 1,600억 달러까지 늘어날 것으로 내다보고 있다. 게다가 글로벌 국가들이 2024년 하반기부터 하나둘 내비친 금리인하 기조도 로봇주들엔 반가운 소식이다. 로봇주들은 보통 차입을 통해 연구개발 비용을 끌어다 쓴다. 이러한 기술 사업을 영위하는 기업의 특성상 금리가 인하되면 저금리로 연구개발 비용을 충당할 수 있게 된다.

증권가에서는 로봇 분야가 지금의 AI 시장처럼 개화하기까지 다소 시간이 걸리겠지만 성장의 관점에서 궁극적인 방향성은 맞다고 판단하고 있다. 한 금융투자업계 관계자는 "휴머노이드 및 로봇 AI 시장의 진정한 개화까지 다소 시간이 소요될 것으로 예상되나, 거부할 수 없는 흐름이자 나아가야 할 방향성이라는 점에서 투자의 관점 역시 중장기적 성장을 고려해야 한다"고 강조했다.

성장주라며… 빅컷에도 오르지 않는 네카오는 어떻게

국내 성장주의 대명사이자 정보통신(IT) 쌍두마차인 '네카오(네이버와 카카오)'가 2024년 9월 미국의 빅컷(0.50%포인트 금리인하)에도 지지부진한 움직임을 이어가고 있다. 통상 금리인하 국면에서는 성장주가 강세를 보이지만 네카오의 주가는 이렇다 할 동력 없이 멈춰 있는 모습이다.

네이버는 미국의 빅컷 이후인 2024년 9월 20일부터 2024년 10월 4월까지 2주간 16만 600원에

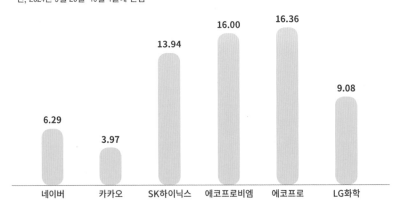

미국의 빅컷 이후 2주간* 네이버와 카카오 및 주요 성장주의 주가 등락률

출처: 엠피닥터

단위: %,

* 단, 2024년 9월 20일~10월 4일에 한함

네이버	카카오	SK하이닉스	에코프로비엠	에코프로	LG화학
6.29	3.97	13.94	16.00	16.36	9.08

서 17만 700원으로 6.29% 올랐다. 언뜻 상승세를 탄 것으로 볼 수 있지만 같은 기간 SK하이닉스가 13.94% 오르고 성장주로 분류되는 2차전지주 에코프로가 16.36% 오른 점을 감안하면 아쉬운 모습이다. 심지어 카카오는 3.97% 상승하는 데 그쳤다.

네이버와 카카오는 금리인하 시기 주가에 탄력이 붙는 대표적인 성장주로 꼽힌다. 실제로 과거 두 종목은 금리인하로 유동성이 풍부해지면 미래산업에 대한 가치를 인정받으며 급등세를 보였다. 신종 코로나바이러스 감염증(코로나19) 유행으로 글로벌 유동성이 풀린 지난 2020년 네이버는 한 해 동안 56.84%, 카카오는 153.75% 오르기도 했다.

하지만 연초부터 금리인하 기대감이 이어지던 2024년, 네이버와 카카오는 지지부진한 흐름을 이어가는 중이다. 게다가 미국의 빅컷까지 나타났지만 두 종목의 움직임은 지지부진하다.

게다가 네이버는 9월 30일 4,000억 원을 투입해 2024년 말까지 자사주 매입과 소각을 하겠다고 밝혔다. 2023년 발표해 3년간 추진 중인 주주환원 정책과는 별개의 건으로, 총 발행주식의 1.5% 규모인 234만 7,500주를 매입해 12월 31일 전량 소각하겠다는 것이다. 하지만 30일 네이버는 0.59% 내렸고 10월 2일에도 0.71% 하락세로 마감했다.

카카오 역시 2024년 8월 정신아 대표가 자사주 매입에 나섰지만 별다른 효과를 보지 못했다. 통상 고위 임원이 자사주를 매입하는 것은 해당 기업 주가가 저점에 가깝다는 신호로 읽힌다. 주식을 매수한 뒤 손실을 보지 않기 위해 경영 성과를 낼 것이라는 주가 부양 의지로도 해석된다.

네카오 주가가 지지부진한 가장 큰 이유로 2024년 하반기 경기침체가 이어지면서 두 회사의 주요 매출원인 광고 사업 전망이 녹록지 않다는 점이 손꼽힌다. 이에 증권가의 눈높이도 낮아지고 있다. 2024년 7~9월 3개월 동안에만 카카오의 목표주가를 하향한 보고서만 무려 29건에 달한다. 네이버도 24곳으로 집계됐다. 정호윤 한국투자증권 연구원은 네이버의 목표가를 기존 24만 원에서 22만 원으로 낮추며 "이익 증가에도 불구하고 매출 증가율이 낮아지고 있고 주력사업인 광고와 커머스 등에서 경쟁업체에 밀리고 있다는 우려가 커지고 있다"고 평가했다. 남효지 SK증권 연구원은 "카카오는 게임과 스토리 사업의 신작 부재, 경쟁 심화로 성장률이 둔화했고, 헬스케어나 엔터프라이즈 등 뉴이니셔티브 사업에서의 적자도 줄이기 쉽지 않은 상황"이라고 지적했다.

하지만 실적보다는 '성장성'을 상실한 점이 주가 약세의 원인이라는 지적도 있다. 글로벌 IT 종목들이 AI 시장을 선점하는 가운데 국내 IT 업체들은 이렇다 할 행보를 보이지 못하고 있다는 이유에서다.

한 자산운용사 펀드매니저는 "실적은 잠시 주춤할 수 있다. 문제는 네카오에 투자해서 수익을 얻을 것이란 기대감이 사라진 상황"이라며 "투자자들에게 인식된 두 회사의 수익모델은 여전히 몇 년 전 모델이라는 게 문제인 만큼 차라리 적극적인 투자에 나서는 것이 나을 수도 있다"고 덧붙였다.

중국

다시 살아나는 중국,
현명한 접근 방법은

2024년 4분기 들어 중국의 경기가 꿈틀댈 기미를 보이자 구리를 비롯한 상품 가격도 들썩이고 있다. 구리는 실물경기의 선행지표 역할을 해서 '닥터 코퍼'로도 불린다. 중국의 수요 감소로 100달러 아래로 내려갔던 철광석 가격도 다시 반등세를 보이고 있다.

중국 덕분 기지개 켠 원자재, ETP 활용이 가장 쉽고 편리

구리는 중국이 지급준비율 인하를 시사한 직후인 2024년 9월 26일 t(톤)

당 1만 90달러선까지 급등했다. 구리는 산업 전반에서 활용도가 커 '세계의 공장'이라는 중국에서 원재료로 많이 쓰인다.

앞서 구리 가격은 2024년 엔비디아가 주도하는 인공지능(AI) 시장에 대한 기대로 상승세를 보이기도 했다. D램(RAM) 배선이나 전선의 재료로도 쓰이기 때문이다. 그런데 여기에 중국시장이 살아날 것이란 기대가 나오자 본격적인 오름세를 거듭하고 있다. 중국의 경기부양책 기대를 타고 아연이나 니켈, 납 등 다른 원자재도 함께 강세로 돌아섰다.

철광석 가격도 상승하고 있다. 중국이 부양책을 발표한 후 10월 1일부터 런던상품거래소에서 철광석 가격은 100달러를 넘어섰다. 수요가 늘어날 것이란 기대감이 가격인상으로 이어졌다는 분석이다. 중국 내 철강 수요가 늘면 수출 물량이 줄어 국내외 철강 가격이 상승하는 효과도 기대할 수 있다.

박성봉 하나증권 연구원은 "중국의 경기부양 조치는 철강 시장에 즉각 반영돼 철강 제품과 철광석 가격 상승으로 이어졌다"며 "수요가 회복되면서 철강 재고가 감소하고 있는 것으로 판단된다"고 밝혔다.

시장에서는 2024년 금에 집중됐던 상품 가격의 온기가 중국의 경기부양책을 타고 원자재 시장으로 옮겨갈 수 있다고 기대한다. 세계 최대 철광석 채굴 업체인 리오 틴토의 야콥 스타우스홀름(Jakob Stausholm) 최고경영자(CEO)는 "한동안 금속 시장이 악화해왔으나 이번 (중국의) 부양책으로 시장이 안정을 되찾을 것으로 보인다"고 말했다.

이 같은 원자재 가격 상승에 쉽고 편리하게 투자하는 방법은 상장지수상품(ETP)을 활용하는 것이다. 구리선물에 투자하는 대표적인 상장지수펀드(ETF)는 'KODEX 구리선물(H)'다. 실물에 투자하고 싶다면 'TIGER 구리실물도 대안이다. 이 외에도 상장지수증권(ETN) 방식으로 레버리지와 인버스 상품까지 국내에 상장돼 있다.

다만 원자재 관련 상품에 투자할 땐 거래량에 주의해야 한다. ETN의 경

런던상품거래소의 2024년 구리 선물 가격 추이

출처: 엠피닥터

단위: 달러

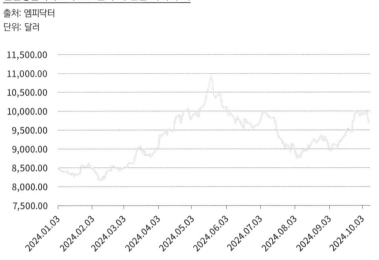

우, 대다수의 ETF보다 거래량이 적어 원하는 가격에 매매하기 어려울 가능성도 크기 때문이다. 자산운용업계 관계자는 "중국의 부양책을 계기로 원자재에 대한 관심이 커지는 만큼, ETP의 거래량도 확대될 것"이라면서도 "하루 100주 미만의 거래만 이뤄지는 상품은 피할 필요가 있다"라고 말했다.

중국 ETF, 분할매수 접근 전략 유효

중국이 경기 부진을 돌파하기 위한 대규모 부양책을 내놓은 후 중국 증시가 폭등을 이어가며 관련 테마 ETF의 수익률도 단기간 무섭게 치솟았다. 부양책 효과로 단기간 폭등 랠리를 보인 중국 증시가 상승 추세로 접어들기 위한 경기회복의 확인 과정까지 넘어설지 주목된다.

중국 정부는 2024년 '5% 안팎'의 성장률 목표를 설정했지만 부동산 침체와 내수 부진에 경기 부진에서 벗어나지 못하는 상황이 이어지자 9월 말 통화 완화와 부동산 부양, 주식시장 안정화 정책을 패키지 형태로 내놓았다.

중국 중앙은행인 인민은행이 9월 24일 지급준비율 50bp(1bp=0.01%포인트) 인하를 예고하면서 통화정책 추가 완화 의지를 밝혔고, 이어 26일에는 적극적인 재정정책을 추가로 발표했다. 이에 중국의 대표 지수로 꼽히는 상하이종합지수와 CSI300지수는 중국 당국이 부양 패키지를 내놓은 지난 9월 24일부터 30일까지 불과 한 주 사이 각각 21.37%, 25.06% 치솟는 모습을 보였다.

다만 중국 증시가 수급과 투자심리 개선을 바탕으로 보인 단기간 반등을 넘어 추세적인 상승세를 이어가기 위해선 경기 개선 지표 확인이 필요하단 지적이다. 김경환 하나증권 연구원은 "단기적으론 수급과 투자심리가 지배하고, 중기적으론 펀더멘털 확인 과정이 진행될 것"이라며 "재정정책 변화와 강도, 주택시장의 회복 여부, 추가 부양책과 2025년 성장률 목표 설정 등에 대한 확인이 필요하다"고 지적했다.

향후 흐름에 대한 불확실성이 큰 만큼 중국 테마 ETF 투자도 분할매수로 접근하는 전략이 유효하단 제언도 있다. 김승현 한국투자신탁운용 ETF컨설팅 담당은 "증시가 부진했던 최근 몇년간 자금이 묶여 있던 투자자들이 과도한 자금을 투입해 매수 단가를 낮추는 것은 지양할 필요가 있다"며 "포지션의 일부를 분할해 조금씩 매수하는 것이 방법"이라고 밝혔다.

서학개미, GO or STOP?

2024년은 인공지능(AI)칩 선두주자 엔비디아의 해였다. 너무 올랐다 싶으면 이를 상쇄할 실적을 내놓았고, 위기론이 닥치면 또다시 상승세로 주가를 정당화했다. 서학개미 역시 테슬라 대신 거센 상승세의 주역인 엔비디아에 주목했다. 이에 2024년은 서학개미들의 보관 금액 1, 2위가 계속 엎치락뒤치락하는 모양새였다.

테슬라냐, 엔비디아냐… 2024년 서학개미의 러브콜은

2024년 3분기 말 기준 서학개미들이 가장 많이 보유하고 있는 종목은 테슬라로 집계됐다. 국내 투자자들이 사들인 테슬라 주식은 무려 151억 9,876만 달러에 이른다. 2위는 엔비디아(120억 2,038만 달러)다. 물론 단순히 두 종목을 비교하면 30억 달러 이상 차이가 난다. 적은 차이는 아니다.

하지만 2023년 말과 비교하면 상황은 달라진다. 테슬라의 2023년 말 국내 투자자들의 보관금액은 136억 7,199만 달러였다. 2024년 9월 말과 15억 달러 정도의 차이다. 하지만 엔비디아의 2023년 말 보관금액은 43억 6,380만 달러에 불과했다. 9개월 만에 3배 수준으로 몸집을 불린 것이다.

2024년 엔비디아가 강세를 보인 것은 단연 AI 반도체에 대한 기대 탓이다. 지난 2022년 11월 말 오픈AI가 챗GPT를 공개한 이후, 생성형 AI의 언어 모델을 훈련하는 데 엔비디아의 그래픽처리장치(GPU)가 핵심적이란 게 알려지면서 주가는 가파른 상승세를 이어왔다. 2024년 6월에는 주가가 사상 최고치를 경신하며 시가총액이 3조 3,350억 달러 수준으로 불어나 마이크로소프트(MS)를 제치고 세계 시총 1위 자리까지 올라서기도 했다.

주가의 상승세가 가팔랐던 탓에 고평가 우려가 나올 때마다 엔비디아는 시장 기대치를 뛰어넘는 실적으로 답했다. 게다가 2024년 5월에는 액면분할까지 단행하며 유동성도 풍부해졌다. 이미 엔비디아는 1990년 기업공개(IPO) 이후 5번의 액면분할을 시행한 바 있다. 2000년, 2001년, 2006년, 2007년, 2021년 각각 액면분할을 시행했다.

물론 테슬라의 저력도 무시할 수 없다. 테슬라는 전기차가 캐즘(Chasm·대중화 전 과도기 시절의 일시적인 수요 정체 혹은 후퇴)에 빠지자 가격인하에 나섰고 로보택시를 혁신의 전면에 내세웠다. 실제 2024년 중국 업체들의 부상으로 전기차 시장 경쟁이 심화하고 전반적인 수요가 둔화한 영향 등으로 2024년 4월 22일 장중 138.80달러(종가 142.05달러)까지 내려가기도 했다. 여기에 같은 달 테슬라가 저가 전기차 출시 계획을 폐기한다는 로이터통신의 보도까지 나오면서 주가 하락에 기름을 부었다.

하지만 일론 머스크(Elon Musk) 테슬라 최고경영자(CEO)가 그동안 준비해온 로보택시를 공개하겠다고 밝히면서 상황은 반전됐다. 머스크는 4월 23일 분기 실적 발표 콘퍼런스 콜에서 자사의 자율주행기술로 운행할 계획인 로보택시를 '사이버캡(CyberCab)'으로 지칭하면서 "에어비앤비(숙박 공유 플랫폼)와 우버(차량 호출 플랫폼)의 결합 같은 것으로, 테슬라가 직접 차들을 소유하고 운영할 것"이라고 설명했다. 테슬라는 이제 전기차뿐만 아닌 로보택시와 자율주행을 바탕으로 도약을 다시 준비하고 있다.

다만 로보택시가 나온다 해도 상용화가 되기까진 시간이 걸릴 전망이다. 로보택시를 실제 무인으로 운행하려면 당국의 규제 문제를 먼저 해결해야 하기 때문이다. 테슬라가 개발해 판매 중인 자율주행 소프트웨어 FSD(Full Self Driving)는 아직 운전자의 개입이 필요한 레벨2 수준인 데다 FSD 작동

중 벌어진 교통사고도 여러 건 보고된 바 있어 테슬라의 로보택시가 단시간 내에 완전자율주행이 가능한 수준으로 도약하기는 쉽지 않을 것으로 보인다. CFRA리서치 애널리스트 개릿 넬슨(Garrett Nelson)은 "수많은 기술적 장애물, 안전 테스트 및 규제 승인이 여전히 걸림돌이 되고 있다"며 "이것을 해결하는 데 몇 년이 걸릴 것"이라고 말했다.

한방으로 인생 역전? 미(美) '레버리지' ETF로 가능할까

통상 상장지수펀드(ETF)는 초보 투자자들에게 추천되곤 한다. 여러 개의 개별 종목을 한 바스켓에 담아 분산투자 효과를 누릴 수 있기 때문이다. 다만, 분산투자를 한 만큼 등락률이 상대적으로 극적이지 않다는 점에서 위험을 선호하는 개인 투자자들의 니즈를 충족하기 어렵다는 문제에 직면했다. 이를 해결하기 위해 나온 것이 바로 레버리지 ETF 상품이다.

미국 최초의 레버리지 ETF는 프로셰어즈울트라(ProShares Ultra) S&P500 ETF로, 티커명 SSO다. 이 상품은 인버스·레버리지 ETF 시장의 선두주자인 파생옵션 ETF 전문자산운용사 프로셰어즈가 2006년 만들었다.

서학개미들의 테슬라 및 엔비디아 보관 금액 추이

출처: 한국예탁결제원
단위: 만달러

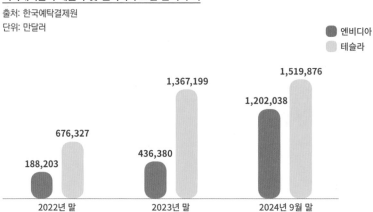

불확실성의 시대, 현명한 투자법

SSO는 S&P500지수의 하루 수익률을 2배로 추종한다.

이후 같은 해, 나스닥100지수의 하루 수익률을 2배로 추종하는 QLD도 출시했다. 해당 상품들은 공격적인 투자전략을 추구하는 투자자들에게 인기를 끌며 빠르게 자리 잡았다. 특히 2006년은 2008년 금융위기 이전, 자산 가격에 버블이 형성되던 시기로, 상승장에서 큰 인기를 얻었다. 이후 다른 자산운용사들도 레버리지 ETF 상품을 잇달아 출시했다.

미국은 'ETF 천국'으로 불릴 만큼 다양한 레버리지 ETF 상품들이 백화점처럼 진열되어 있다. 대표 지수를 추종하는 것 외에도 반도체 지수의 하루 수익률을 2배로 추종하는 USD, 주요 금융 기업들의 성과를 2배로 따라가는 UYG 등이 있다.

미국 시장에는 3배 레버리지를 제공하는 ETF 상품도 존재한다. 대표적으로 미국 반도체 지수의 등락을 3배로 추종하는 SOXL, 미국 장기채 3배 레버리지 ETF인 TMF, 나스닥을 추종하는 TQQQ, 러셀2000을 추종하는 URTY, 금융 부문을 추종하는 FAS, 기술주를 따라가는 FNGU 등이 있다.

개별 종목에 대한 레버리지 상품도 있다. 대표적으로 테슬라 성과를 2배로 추종하는 TSLL, 엔비디아 성과를 2배로 추종하는 NVDL, 애플 성과를 2배로 추종하는 AAPB 등이 있다. 또한 인버스와 레버리지를 결합한 SQQQ(나스닥), SOXS(반도체), SPXS(S&P500) 등도 출시되어 있어, 그야말로 ETF 천국이라는 표현이 적절하다.

국내 개인 투자자들이 미국시장의 레버리지 ETF에 주목하는 이유는 국내에는 레버리지 ETF가 충분히 활성화되어 있지 않기 때문이다. 특히, 3배 레버리지 ETF 상품은 금융당국이 투자자 보호를 위해 도입하지 않았다.

다만, 레버리지 상품에 투자할 때는 주의해야 할 점이 있다. 높은 변동성 외에도 '음의 복리 효과'에 빠질 수 있기 때문이다. 음의 복리 효과는 자산이 시간이 지나면서 손실이 지속될 때 발생하는 현상으로, 작은 손실이 누적되어 자산의 가치가 크게 줄어드는 결과를 초래한다.

레버리지 상품은 일일 성과를 기준으로 수익을 추구하기 때문에, 시장 변동성이 클 경우 음의 복리 효과로 인해 장기적인 손실이 더 크게 나타날 수 있다. 예를 들어, 새해에 1좌당 10만 원 하는 일반적인 ETF A를 100만 원에 구입했다고 가정하자. 1월에 -10%, 2월에 +10%, 3월에 -10%, 4월에 +10%의 변동을 기록했다면, 최종 결과 손에 쥐게 되는 금액은 98만 원이다. 이는 원금과 비슷한 수준이다.

반면, 3배 레버리지 ETF 상품을 동일한 조건으로 투자했을 경우, 1월에 70만 원, 2월에 91만 원, 3월에 63만 원, 4월에 82만 원이 된다. 레버리지 ETF 특성상 변동성이 큰 시장에서는 낮은 성과를 보이기 때문에 원금과 비교했을 때 18만 원 손실을 입게 된다.

이처럼 레버리지 상품은 중장기적인 투자에 적합하지 않다고 평가된다. 상승과 하락이 반복될수록 자산이 줄어들기 때문이다. 물론 하락 시 추가 자금을 투입해 손실을 보전하려는 이른바 '물타기' 전략을 사용할 수 있지만 일반 투자자들은 추가 투자자금에 한계가 있다는 점을 고려해야 한다. 더불어 물타기를 통해 총 투자금액이 증가할수록 리스크도 커진다는 점도 기억해야 한다.

금융투자업계 전문가들은 레버리지 ETF로 성공적인 투자 성과를 거둘 확률이 제한적이라고 평가한다. 개인 투자자들이 주식시장에서 생존할 수 있는 주요 무기 중 하나는 '시간'이다. 레버리지 ETF는 중장기적 투자전략과는 거리가 멀기 때문에 이는 곧 투자자의 무기를 하나 잃은 채 전장에 나가는 것과 같다는 게 금융투자업계 중론이다. 상승장이 확실할 때는 좋은 투자처가 될 수 있지만, 시장은 그 누구도 예측할 수 없다. 레버리지 ETF의 장단점을 이해하고 신중하게 접근할 필요가 있다.

해외 직접 투자 어렵다면 ETF로

2024년 미국 증시에서 '매그니피센트7(M7)'의 주가상승률이 두드러졌지만 한편으론 M7 쏠림에 대한 투자자들의 우려도 커졌다. 이 같은 투자자들을 겨냥해 M7 집중도를 낮출 수 있는 상장지수펀드(ETF)도 다수 새로 나왔다.

미국, M7만 답 아냐

KCGI운용이 2024년 6월 출시한 'KCGI 미국S&P500TOP10'은 S&P500지수의 시가총액 상위 10개 종목에 투자하는 상품이다.

기술주 외 다른 업종으로 투자 대상을 분산해 변동성을 완화하는 데 초점을 뒀다. S&P에 따르면 S&P500 TOP 10 지수 수익률은 3년, 5년, 10년 기준 S&P500지수 대비 2~2.3배의 수익률을 기록하고 있다.

S&P500지수를 구성하는 전체 종목을 같은 비중으로 투자하는 상품도 있다. 미래에셋자산운용이 2024년 7월 내놓은 'TIGER 미국S&P500동일가중'은 S&P500지수를 구성하는 500개 종목을 각 0.2%씩 동일 가중으로 투자한다.

시가총액 가중 방식의 S&P500지수의 경우 IT 섹터 비중이 30%를 넘고 상위 10개 종목 비중 합이 37% 수준을 차지하는 반면, 동일 가중 방식은 분산투자 효과를 높일 수 있다. 시가총액 가중 방식에 비해 대형주들의 주가 영향력이 낮아지고 중·소형주의 주가 영향력은 확대된다.

미국 억만장자들의 투자전략을 따라 할 수 있는 상품도 나왔다. 우리자산운용은 9월 미국 억만장자들의 포트폴리오를 추적해 이들이 보유한 우량자산에 투자할 수 있도록 구성한 'WON 미국빌리어네어'를 상장했다.

블룸버그 억만장자 지수에는 일론 머스크(Elon Musk) 테슬라 최고경영자(CEO), 제프 베이조스(Jeff Bezos) 아마존 의장, 마크 저커버그(Mark Zuckerberg) 메타 CEO, 빌 게이츠(Bill Gates) 마이크로소프트(MS) 창업자, 스티브 발머(Steven Ballmer) MS 전 CEO, 젠슨 황(Jensen Huang) 엔비디아 CEO 등이 이름을 올리고 있다. 이미 성과를 증명해낸 슈퍼리치들의 자산 증식 방향을 추종하는 전략이다.

기술주 외 유망 섹터로 바이오 섹터에 집중한 상품도 있다. 키움투자자산운용이 6월 상장한 'KOSEF 미국블록버스터바이오테크의약품+'는 1년에 10억 달러 이상의 매출을 내는 '블록버스터 의약품'으로 경쟁력이 입증된 글로벌 바이오 기업에 투자한다.

인도와 일본에도 눈 돌려보자

2024년 뜨거웠던 인도 증시에 투자자들의 관심도 커지면서 인도 테마 ETF가 세분화되고 있다. 인도 대표 주가지수를 추종하는 ETF 일색에서 특정 기업군과 시장에 집중하는 상품이 잇따라 출시되며 선택지가 크게 늘고 있다.

삼성자산운용이 지난 2024년 5월 상장한 'KODEX 인도타타그룹'은 국내 첫 인도 테마형 ETF로, '인도의 삼성'으로 불리는 타타그룹에 투자한다. 타타그룹은 시가총액 약 3,650억 달러 규모의 인도 시총 1위 그룹이다. 타타그룹을 통해 인도 경제의 주요 성장 동력으로 기여하고 있는 산업들에 투자하는 전략이다.

같은 달 미래에셋자산운용이 내놓은 'TIGER 인도빌리언컨슈머'는 인도 소비재시장에 집중투자하는 상품이다. 인도 전기차, 상용차 1등 기업 '타타자동차', 자동차 및 기계, 정보기술, 방위 산업 기업 '마한드라그룹', 인도 대표 럭셔리 보석 브랜드 '타이탄컴퍼니' 등 소비재 기업 20종목에 투자한다.

한국투자신탁운용이 9월 상장한 'ACE 인도컨슈머파워액티브'의 경우 소비재시장 중에서도 특히 자유소비재 기업에 집중투자한다. 인도의 1인당 GDP가 증가할수록 자유소비재 기업의 성장이 본격화될 것이란 판단이 반영됐다. 특히 업종별로 가전 35%, 자동차 35%, 헬스케어 30% 등 3개 업종에 집중한다.

2024 미국 증시를 이끌었던 M7에 비견되는 일본 증시의 '사무라이7(S7)'에 투자할 수 있는 상품도 있다.

KB자산운용이 2024년 8월 상장한 'RISE 일본섹터TOP4Plus'는 내구소비재, 기술, 산업재, 소비자 서비스 등 4개 섹터에 투자하며 특히 사무라이7을 40% 수준으로 담고 있다. 일본 증시의 주요 기업으로 꼽히는 사무라이7은 토요타자동차, 미쓰비시, 도쿄일렉트론, 스바루와 함께 반도체 제조 장치 제조사 디스코, 스크린홀딩스, 반도체 장비 테스트에 특화된 어드반테스트 등을 포함한다.

위험과 노후 대비는
미리미리
촘촘하게

받을까, 뱉을까?
'13월의 월급' 챙기는 법

'13월의 보너스'인가, '추가 세금청구서'인가'. 찬바람이 불면 연말정산을 떠올리는 직장인이 많다. 미리 어떻게 준비하느냐에 따라 2025년 초 연말정산 환급액이 달라질 수 있다. 국세청에 따르면 2023년 연말정산을 한 근로소득 신고자 68.6%가 1인당 평균 77만 원을 돌려받았다. 반면 19.4%는 106만 5,900원을 토해냈다.

10명 중 7명이 보너스를 받은 셈이지만 내가 받으리란 보장은 없다. 최대한 많이 돌려받기 위해선 지금까지의 소비를 점검하고 연말까지 남은 기간에 대해 지출 계획을 짜야 한다. 한 푼이라도 더 돌려받으려면 어떤 것들을 살펴봐야 할까.

연말정산 핵심은 공제

연말정산은 내가 한 해 동안 낸 세금과 실제로 내가 내야 하는 세금의 차이를 조정하는 절차다. 한마디로 세금을 다시 계산하는 것이다. 냈어야 할 세금이 1년 동안 낸 세금보다 많다면 추가로 내야 하고, 그 반대라면 환급받게 된다.

복잡한 연말정산의 핵심은 결국 '공제'다. 크게 소득공제와 세액공제로 나뉜다. 소득공제는 세금의 기준이 되는 소득을 덜어주는 것이다. 부양가족은 있는지, 집은 가지고 있는지 등을 고려해서 이런 비용을 '총급여액'에서 제외해준다. 과세표준(세금을 매기는 기준) 구간을 낮춰주는 셈이다. 총급여액은 연봉에서 식대나 보육수당 같은 '비과세 소득'을 뺀 금액을 말한다.

세액공제는 내가 내야 할 세금 자체를 줄여주는 것이다. 월세나 교육비, 보험금 등에 지출한 내역이 있다면 이땐 낸 세금을 고려해 일정 금액을 제외해준다. 기본적으로 고소득자라면 소득공제를 받아 낮은 세율을 적용받는 것이, 소득이 높지 않은 사회 초년생은 세액공제를 받는 게 유리하다.

'총급여 25%' 문턱 넘은 후엔 체크카드

먼저 소득공제를 살펴보자. 카드 소득공제는 총급여의 25%를 넘어선 사용액부터 적용된다. 총급여가 연 4,000만 원이면 1,000만 원이 넘는 금액부터 공제를 받을 수 있다는 뜻이다. 총급여가 7,000만 원 이하면 기본공제는 300만 원까지다. 만약 전통시장·대중교통·도서 및 공연 등에 쓴 금액이 있으면 300만 원이 추가 공제된다. 공제율은 신용카드 15%, 체크카드와 현금영수증은 30%, 전통시장은 40%다. 대중교통은 80%까지 상향됐다.

예를 들어 총급여가 4,000만 원인 직장인이 한 해 동안 신용카드 1,200만 원, 체크카드 400만 원, 현금 400만 원 등 2,000만 원을 소비했다고 가정해

보자. 이 경우 총 270만 원(200만 원×15%, 400만 원×30%, 400만 원×30%)
이 공제액이 된다.

만약 2,000만 원을 모두 신용카드로 소비했다면 공제율 15%만 적용받아
150만 원만 소득공제가 된다. 공제 한도가 300만 원인데 절반밖에 못 채우
는 셈이다. 이 때문의 총급여액의 25%를 썼다면 그 이후부터는 체크카드나
현금을 쓰는 것이 유리하다. 신용카드는 공과금 등 고정비, 체크카드는 변동
비 위주로 쓰는 것이 효과적일 수 있다.

신용카드 사용액이 작년의 105%를 넘으면, 초과분의 10%(100만 원 한도)
까지 추가로 소득공제를 받을 수 있다. 물론 군이 써야 할 이유가 없다면 연
말정산을 위해서 카드를 일부러 더 사용할 필요는 없을 것이다.

한눈에 보는 연말정산 '꿀팁'

1 신용카드 사용액 총급여의 25% 채운 뒤 체크카드, 현금 사용

2 공제 혜택 몰아주기(인적공제는 소득 높은 배우자, 의료비는 소득 낮은 배우자)

3 연금저축, IRP 가입하기

4 전세자금대출 원리금 상환액, 월세도 공제 대상

5 중소기업 취업자 공제 혜택(한도 200만 원)

해외 직구 · 신차는 No, 월세도 세액공제

무한정 소득공제를 해주는 것은 아니다. 총급여가 7,000만원 이하면 300
만 원, 7,000만 원 초과면 최대 250만 원이 공제 한도다.

자동차는 지출 규모가 크지만, 아쉽게도 신차를 사거나 자동차를 리스하
는 경우는 소득공제를 받을 수 없다. 대신 중고차는 받을 수 있다. 중고차
가격의 10%가 소득공제 대상액에 포함된다. 만일 중고차를 현금으로 샀다

면 현금영수증을 챙겨야 한다. 단, 개인 간 직거래는 현금영수증을 받지 못하는 만큼 소득공제 대상에 해당하지 않는다는 점도 유의해야 한다.

해외 직구를 포함한 해외 결제, 면세 물품 구입 비용도 연말정산 때 소득공제를 받을 수 없다. 보험료(4대 보험료 포함), 아파트 관리비, 공과금, 상품권 결제 등도 대표적인 소득공제 제외 항목이다.

맞벌이 부부라면 부양가족 공제는 소득이 높은 배우자에게 몰아주는 것이 낫다. 보통 소득이 높은 사람이 내야 하는 세금이 많은데, 인적공제는 연 소득금액 합계가 100만 원 이하인 배우자와 부양가족 1인당 150만 원으로 소득공제 효과가 크기 때문이다. 다만 배우자 외 부양가족은 소득뿐 아니라 만 20세 이하 또는 만 60세 이상 요건을 충족시켜야 한다. 형제·자매가 부모 등 부양가족을 중복으로 등록·공제 신고하면 연말정산 이후 되레 가산세를 낼 수도 있어 유의해야 한다. 자녀의 배우자(며느리·사위)나 직계존속의 형제·자매(삼촌 등), 형제·자매의 가족(형수·조카 등)은 부양가족 공제 대상에서 빠진다.

반대로 총급여의 3%를 초과해 지출한 경우만 공제받을 수 있는 의료비는 소득이 적은 배우자가 지출해야 유리하다.

무주택자 세대주라면 월세 세액공제를 받을 수 있다. 총급여가 7,000만 원 이하면 월세액의 15%를 공제해준다. 총급여가 5,500만원 이하면 17%까지 공제받을 수 있다.

친구와 동거를 하더라도 월세 세액공제를 받을 수 있다. 월세 세액공제는 세대주여야 받을 수 있는데 가족이 아닌 친구와는 한집에 살아도 각각 세대주가 될 수 있기 때문이다. 참고로 월세 세액공제 대상 주택은 국민주택규모(전용면적 85㎡) 이하 또는 기준시가 4억 원 이하 주택으로 주거용 오피스텔과 고시원도 포함된다. 단, 임대차 계약서상 주소지와 주민등록등본상 주소지가 일치해야 한다.

집을 샀다면 주택담보대출 이자를 소득공제 받을 수 있다. 원리금 분할상환 방식으로 상환기간이 15년 이상 6억 원 이하 집을 산 1주택자인 경우에 한해서다. 원래는 5억 원 이하 주택에 적용됐지만 2024년부터 상향됐다. 대출을 받은 후 집값이 올라도 소득공제 혜택은 그대로 유지된다. 집을 전세대출로 빌려 이자나 원리금(원금+이자)을 갚고 있다면 연 400만 원 한도로 공제 혜택이 적용된다.

자동차보험은 보장성보험으로 세액공제 대상이다. 자동차보험에 가입했다면 1년 동안 낸 보험료 중 100만 원 한도 내에서 12%(지방세 포함 시 13.2%)의 세액공제를 받을 수 있다. 학자금대출을 갚고 있다면 교육비 세액공제를 받을 수 있다. 한도도 없다. 예를 들어 1년 동안 매달 50만 원씩 갚았다면 총 600만 원의 15%인 90만 원을 절감할 수 있다. 수능 응시료·대학 입학 전형료도 교육비에 포함해 15% 세액공제가 가능하다.

조부모와 손자녀가 함께 사는 조손 가정의 경우 직계비속 기본공제만 받을 수 있었지만 2024년부터 자녀 세액공제를 추가로 받을 수 있게 됐다.

정치인에게 낸 기부금도 세액공제를 받을 수 있다. 기부금 10만 원을 내면 10만 원에 대해 전액 세액공제를 받게 되며, 기부금이 10만원 초과 3,000만 원 이하면 16.5%(지방세 포함)가 세액공제된다.

문화 활동(도서·영화·공연·박물관·미술관)에 소비한 자금도 연말정산이 가능하다. 영화관람료를 비롯해 도서 구입비, 박물관·미술관 입장료, 공연 관람료 등은 30% 소득공제율이 적용된다. 단, 문화비 소득공제는 연봉 7,000만 원 이하 직장인에게만 적용된다.

이외에도 안경·콘택트렌즈 구입 영수증 챙기기, 전통시장 및 대중교통 이용하기, 안 입는 옷·잡화·가전·도서 기부하기 등을 통해서도 연말정산 시 혜택을 누릴 수 있다.

2024년 안에 안경이나 콘택트렌즈를 구입했다면 연간 50만 원 한도로 세액공제를 받을 수 있다. 2023년까지는 구입처에서 구입 영수증을 발급받아 별도로 제출해야 했지만 2024년부터는 안경점에서 안경 구입비 자료를 제출하면 별도 자료를 제출할 필요가 없다. 전통시장에서 물건을 구입한 비용 및 대중교통(택시, 항공기 제외) 이용요금에 대해서도 각각 100만 원 한도에서 소득공제를 인정받게 된다.

안 입는 옷이나 잡화, 가전, 도서 등을 기부해도 세액공제 받을 수 있다. 기부 금액은 판매 가능한 동일 품목의 평균단가를 기준으로 산정되며 1,000만 원 이하 기부금은 15%, 1,000만 원 초과 기부금은 30% 세액공제가 가능하다.

2023년부터 시행된 고향사랑기부금 제도를 통해 지방자치단체에 기부해도 세액공제 혜택을 제공한다. 고향사랑기부제를 통해 기부한 금액 중 10만 원까지는 전액 세액공제가 가능하며 10만 원 초과 금액은 15%의 세액공제율이 적용된다.

연금저축·IRP 활용해야

특히 연금계좌, 즉 연금저축과 개인형 퇴직연금(IRP)도 활용하면 절세 효과를 극대화할 수 있다. 많이 납입할수록 더 많이 세액공제를 받을 수 있기 때문이다. 연말이면 이 상품들의 인기가 올라가는 이유다. 세액공제율은 연간 총급여 5,500만 원(종합소득 4,500만 원) 이하에선 16.5%, 이보다 소득이 많을 경우엔 13.2%를 적용받는다. 100만 원을 넣으면 16만 5,000원을 환급받는 것이다.

세액공제 측면에선 IRP가 더 유리하다. IRP는 세액공제 납입 한도가 단독 또는 연금저축과 합산해 900만 원까지 세액공제를 받을 수 있다. 900만 원을 납입했을 때 돌려받을 수 있는 최대 환급금은 소득 구간에 따라 118만 8,000원~148만 5,000원이다. 연금저축은 납입 한도인 600만 원까지 납입하

연금저축과 IRP 비교

	연금저축	IRP(개인형 퇴직연금)
가입 자격	누구나	소득이 있는 근로자나 자영업자
납입 한도	연 최대 1,800만 원	
세액공제 한도	연간 최대 600만 원	연간 최대 900만 원
	16.5% - 연간 총급여 5,500만 원(종합소득 4,500만 원) 이하 13.2% - 연간 총급여 5,500만 원(종합소득 4,500만 원) 초과	
상품 운용	위험자산 100% 투자 가능	위험자산 투자 70% 제한
담보 대출	가능	불가능
중도 인출	가능하나 기타 소득세 16.5% 과세	무주택자의 주택 구입, 요양 등 몇 가지 사유 시 가능

면 최대 환급금이 79만 2,000원~99만 원이다.

세액공제 한도를 꽉 채워 최대 혜택을 보고 싶다면 연금저축 600만 원, IRP 300만 원을 넣는 게 좋다. 1년 만에 채우겠다면 매달 연금저축에 50만 원, IRP에 25만 원을 넣으면 된다.

다만 중도 인출이 어려울 수 있기 때문에 납입액은 신중히 정해야 한다. IRP계좌도 △ 무주택자인 가입자의 주택 구입 △ 전세보증금 부담 △ 6개월 이상의 요양 △ 가입자 사망 △ 해외 이주 △ 개인회생절차 등 법정 중도 인출 사유를 충족하는 경우에는 낮은 소득세를 내고 적립금을 중도인출할 수 있다. 이 경우 연금 수령으로 간주해 인출액에 대해 3.3~5.5%의 낮은 연금 소득세가 부과된다. 물론 사유가 발생한 날로부터 6개월 내 증빙서류를 내서 가입한 금융회사에 신청해야 한다. 연금저축은 중도 인출은 자유롭지만 16.5%의 기타 소득세를 내야 하는 문제가 있다. 연봉 5,500만 원 초과인 사람이라면 세액공제 혜택이 납입액의 13.2%이기 때문에 중도 인출을 할 경우 돌려받은 돈보다 더 많은 돈을 토해내야 할 수 있다.

두 상품은 투자할 수 있는 금융상품 등에서도 차이가 난다. IRP는 주식 형펀드나 상장지수펀드(ETF) 등 위험자산에 대해 적립금의 70%까지만 투자할 수 있다. 나머지는 예금처럼 수익률은 낮지만 원금 손실 위험이 적은 상품에 투자해야 한다. 반면 연금저축은 주식 등 위험자산 투자가 쉬운 편이다. 따라서 은퇴 시점까지 투자 기간이 충분히 남은 사회 초년생이면서 공격적 투자를 선호한다면 연금저축 납입 비중을 높이는 게 나을 수 있다. IRP에는 평균 적립금의 0.3%가량이 계좌 관리 수수료로 들어간다는 점도 알아둬야 한다.

또 연금저축은 국내 거주자 누구나 가입할 수 있는 반면, IRP는 자영업자를 포함해 소득이 있는 취업자가 가입할 수 있다는 차이가 있다.

증권 거래를 많이 하는 사람은 개인종합자산관리계좌(ISA)를 활용하는 것이 유리하다. 일반 계좌에서 금융상품에 투자해 발생하는 이자 및 배당소득은 15.4% 세율로 원천징수되고, 합산액이 연 2,000만 원을 넘어섰다면 금융소득종합과세 대상자에 이름을 올리게 된다. 하지만 ISA를 통한다면 비과세 및 저율과세(9.9%)로 분리과세 혜택을 받아 종합과세를 피할 수 있기 때문이다.

플랫폼서 미리 점검

최근엔 복잡하고 어려운 연말정산을 미리 준비할 수 있도록 돕는 서비스들도 나오고 있다. 네이버페이가 내놓은 '연말정산 모의 계산' 서비스가 대표적이다. 마이데이터를 연결해 연봉과 성과급, 부양가족 등의 정보를 입력하면 연말정산 최종 환급·징수액뿐만 아니라 예상 소득공제액 등을 상세 항목별로 계산한 결과를 제공한다. 카카오페이도 '연말정산 최대 환급받기' 서비스를 제공 중이다.

세제 혜택 대폭 강화,
매력 높아지는 ISA

정부가 국민의 재산 형성을 지원하기 위해 절세형 '만능통장'인 '개인종합자산관리계좌(ISA)'의 납입 한도와 비과세 한도를 대폭 높이고 가입 대상도 확대하기로 하며 절세를 노리는 투자자의 관심이 쏠리고 있다.

2024년 초 윤석열 대통령은 '상생의 금융, 기회의 사다리 확대'를 주제로 개최한 민생 토론회에서 "국가와 사회가 계층의 고착화를 막고 사회의 역동성을 끌어올리려면 금융투자 분야가 활성화돼야 한다"며 "ISA 가입 대상과 비과세 한도를 대폭 확대해나갈 것"이라고 말했다.

국민 절세 만능 통장 ISA

ISA는 비과세 혜택을 받으면서 예·적금, 국내 주식과 펀드, 주가연계증권(ELS), 리츠, 상장지수펀드(ETF) 등 다양한 금융자산을 하나의 계좌에 모아 투자하고 세제 혜택도 받는 '국민 절세 만능 통장'으로 불린다. 정부가 개인의 종합적인 자산관리를 통한 재산 형성을 지원한다는 취지로 도입했다.

지난 2016년 신탁형과 일임형 ISA가 도입된 후 2021년 증권사만 취급할 수 있는 투자 중개형 ISA가 도입되며 그 인기는 폭발적으로 확대됐다. 앞서 나온 신탁형이나 일임형과 달리 개인이 직접 개별 종목을 선정해 증시에 투자할 수 있기 때문이다. 중개형의 가입자 수는 411만 5,000명으로 총 가입자 수의 80.4%가 중개형에 가입돼 있다. 2024년 9월 기준 가입자 수가 564만 명을 넘어서고, 가입 금액도 30조 넘게 불어났다.

ISA는 만 19세 이상이면 누구나 가입할 수 있고, 직전 과세기간에 근로소득이 있다면 만 15세 이상도 가입이 가능하다. 기존에는 나이나 소득 요건을 충족하더라도 3년 이내 연간 금융 소득이 2,000만 원을 초과하는 금융소득종합과세 대상자면 가입하거나 갱신 시 추가 투자가 제한됐지만, 이번 정부가 국내 주식과 국내 주식형펀드에 투자하는 '국내 투자형 ISA'를 신설해 가입하는 것을 허용하는 방식으로 ISA의 가입 조건이 확대됐다.

납입 한도·비과세 한도 모두 업(up), 분리과세 혜택은 기본

이번 정부 방침으로 가장 크게 달라지는 것은 '한도'다. 기존 납입한도는 연간 2,000만 원까지인데다 최대 1억 원까지 넣을 수 있었으나 이제는 연간 4,000만 원, 총 2억 원으로 늘어났다. 납입하지 않은 금액은 다음 해에 이월 적립할 수 있다. 중도 인출도 가능하지만 납입한 원금에 대해서만 가능하다.

투자자가 ISA를 활용하는 가장 큰 이유는 비과세 혜택이다. 이자나 배당 소득이 발생하면 통상 15.4% 세금을 떼는데 ISA를 이용해 3년 이상 의무 납입 기간을 지키면 일정 금액에 대해선 비과세 혜택을 준다. 앞으로는 배당·이자 소득에 대한 비과세 한도는 200만 원(서민·농어민형은 400만 원)에서 500만 원(서민·농어민형 1,000만 원)으로 상향된다.

비과세 한도를 넘어도 분리과세 혜택도 있다. 일반 예·적금 이자, 펀드의 배당은 15.4%를 과세하지만, ISA 계좌에서 의무가입 기간이 만기가 되면 손실과 이익을 통산하고, 과세 한도 초과분에 대해선 9.9%의 낮은 세율이 적용된다.

정부는 납입 한도와 비과세 한도를 대폭 늘려 ISA의 장점을 극대화하면서 국민의 신규 가입과 추가 납입을 이끌 방침이다. 제도가 개편되면 ISA 가입자가 체감하는 세제 혜택은 최대 2.3배 늘어나게 된다. 다만, 세법 개정안이 국회의 문턱을 넘어야 한다.

연도별 ISA 총 가입자 수 및 가입 금액 현황

출처: 금융투자협회

가입 금액: 조원 가입자 수: 만명

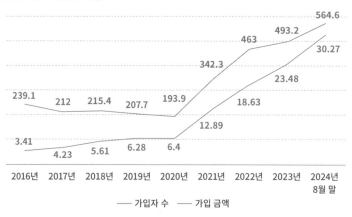

여야 모두 확대 기조, 증권사는 혜택 늘리고

원래 ISA는 연말정산 세금을 최소화하는 방편으로 인기를 끌었다. 그런데 이제 ISA는 연말정산을 위한 계절성 상품이 아니라 세금을 줄이기 위한 필수 아이템이 됐다. 금융투자업계도 ISA 신규 가입자를 위한 이벤트를 내걸고 있다.

2024년 9월 최상목 경제부총리는 대학생 증권투자 동아리와의 간담회에서 "(정부는) 밸류업 프로그램뿐 아니라 세제 측면에서도 금융투자소득세

(금투세) 폐지, ISA 지원 확대 등을 적극 추진하고 있다"고 밝혔다.

이와 함께 정치권에서도 ISA 혜택 확대를 논의하고 있다. 여야가 금투세를 두고 이견을 보이는 것과 달리 ISA는 여야 모두 긍정적인 입장을 보이고 있다. 민주당은 ISA를 통해 미국 개별 주식에 직접 투자가 가능토록 하고, 연 납입금을 기존 2,000만 원에서 3,000만 원으로 상향하는 내용을 담은 조세특례제한법 개정안을 발의했고, 국민의힘이 해외 주식을 ISA에 포함하는 방안에는 부정적이지만 여야 모두 세제 혜택 강화나 ISA 투자 범위 확대 등은 뜻을 같이 하고 있다.

양당이 ISA에 대한 투자 혜택 강화를 내놓는 것은 ISA 투자가 늘면 증시 유입 자금이 확대될 수 있기 때문이다. 실제 2024년 2월 말 기준 중개형 ISA의 대부분이 주식(48%)과 ETF(23%)로 구성돼 있는 것으로 나타났다.

실제 일본 역시 일본판 ISA인 'NISA'를 개편해 증시 투자 확대를 노린 바 있다. 일본은 2024년 1월부터 NISA 투자액을 120만 엔(약 1,080만 원)에서 360만 엔(3,240만 원)으로 3배 상향했다. 비과세 한도액은 1,800만 엔(1억 6,200만 원)으로 하고, 비과세 기간은 기존 5년 제한에서 무제한으로 바꿨다. 이에 따라 연간 5조~6조 엔의 자금이 주식시장으로 몰려들 것으로 예측하고 있다.

여의도 역시 ISA에 힘을 보태고 있다. 일부 증권사는 현금을 직접 제공하기도 하고, 수수료에서 우대 혜택을 주는 경우들도 늘어나고 있다. ISA는 개인당 하나의 계좌만 열 수 있기 때문에 증권사들의 경쟁은 더욱 뜨거워지고 있다.

금융투자업계 관계자는 "현재 ISA 세제 지원을 강화해 비과세 범위 확대 등의 논의가 본격화하자 증권사들도 시장 선점에 나서고 있다"면서 "ISA는 개인당 하나의 회사에서 1좌만 설립할 수 있다 보니 경쟁이 더 치열해질 것으로 보여 신규 가입자들은 이벤트를 잘 활용하는 것이 좋다"고 말했다.

배당주

지속가능한 소득 파이프라인,
배당주

매달 분배금을 받을 수 있는 월 배당 상장지수펀드(ETF)에 대한 수요가 꾸준히 이어지며 분배금 지급 시기를 차별화하는 상품들이 늘어나고 있다.

코스콤 ETF체크에 따르면 국내에 상장된 월 배당 ETF는 모두 83개(2024년 10월 기준)에 달하는 것으로 집계됐다. 국내 상장한 전체 ETF 898개 종목 가운데 약 11개 중 한 개꼴로는 매달 분배금을 지급하는 상품인 셈이다.

'한 달에 2번 분배금' 틈새 전략 '월중 배당' 확산

월 배당 ETF는 주식과 채권 등 편입 자산을 통해 발생하는 이자와 배당 등을 바탕으로 매달 분배금을 지급한다. 시장 변동성에 관계없이 꾸준한 현금 흐름에 대한 수요에 월 배당 ETF에 대한 선호가 이어지면서 2024년에만 28개 상품이 새로 상장됐다.

특히 월 배당 ETF가 다양해지면서 분배 주기를 차별화 포인트로 내세운

위험과 노후 대비는 미리미리 촘촘하게

상품들도 점차 늘어나고 있다. 통상 월 배당 ETF의 분배금 지급 시기가 매월 말일로 설정돼 있는 것과 달리, 매월 15일을 지급 기준일로 설정하는 상품들이다.

미래에셋자산운용이 2024년 초 처음으로 'TIGER 미국테크TOP10타겟커버드콜' ETF의 분배금 지급 시기를 매월 중순으로 변경한 이후 월중 배당 ETF는 계속 늘어나고 있다.

삼성자산운용은 'KODEX 미국배당다우존스'의 기준일을 매달 15일로 설정했다. 미국의 대표 배당 ETF로 꼽히는 일명 '슈드(SCHD·Schwab US Dividend Equity ETF)'의 한국판 경쟁에 뒤늦게 뛰어들면서 월중 배당으로 차별화에 나선 것이다.

자산운용업계 관계자는 "투자자가 월중 배당 상품을 활용해 배당 포트폴리오를 구성하면 한 달에 2번 분배금을 받을 수 있어 선택지가 넓어진다"고 말했다.

'한국판 슈드' 경쟁↑ … 월중 배당에 미(美) 국채 혼합까지

인컴형 ETF에 대한 수요가 꾸준한 가운데 대표적인 배당 ETF 중 하나인 '한국판 슈드'의 선택지가 늘어나고 있다. 미국 대표 배당 ETF로 꼽히는 슈드의 한국판으로 'Dow Jones U.S.Dividend100지수'를 추종한다. 해당 지수는 배당을 10년간 이어온 미국 주식 가운데 잉여현금흐름, 자기자본이익률(ROE), 배당수익률, 5년간 배당성장률 등을 기준으로 상위 100종목을 선별해 투자한다.

슈드에는 증시에 투자하는 국내 투자자들의 수요가 꾸준히 이어지고 있고 그만큼 한국형 상품의 경쟁도 치열하다.

2024년 8월에는 삼성자산운용까지 'KODEX 미국배당다우존스' ETF를 상장하며 한국판 슈드 경쟁에 뛰어들었다. 한국판 슈드는 지난 2021년 10월 한국투자신탁운용이 'ACE 미국배당다우존스'로 처음 상장했고, 2022년 11월 신한자산운용의 'SOL 미국배당다우존스', 2023년 6월 미래에셋자산운용의 'TIGER 미국배당다우존스'의 상장이 이어졌다.

KODEX 미국배당다우존스는 기존 상품들이 월말 배당을 하는 것과 달리 매월 15일을 기준으로 월중 배당을 차별 포인트로 뒀다. 월중 배당으로 투자자들이 기존 월말 배당 상품들과 함께 해당 ETF를 격주 배당 포트폴리오에 활용하도록 한단 전략이다.

슈드에 미 국채 투자를 결합한 상품도 나왔다. 신한자산운용은 지난 2024년 9월 미국 배당 다우존스에 미 국채를 결합한 'SOL 미국배당미국채혼합'을 상장했다. 해당 상품은 미국 배당 다우존스 ETF 가운데 유일한 채권혼합형으로, 퇴직연금 계좌에서 100% 투자할 수 있다.

국내 투자자들의 슈드 ETF 보유액 추이

출처: 한국예탁결제원
단위: 달러

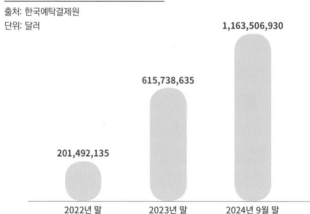

201,492,135	615,738,635	1,163,506,930
2022년 말	2023년 말	2024년 9월 말

서학개미까지 열광, 반도체 대신 배당주

찬바람 불 때 배당주라는 말도 이제 옛말이 됐다. 계절을 가리지 않고 투자자들은 배당주에 열광하고 있다.

미국의 금리인하가 시작된 가운데 서학개미는 서둘러 배당주에 투자하는 모습이다. 배당주는 안정적인 현금흐름을 보장하는 만큼, 경기침체 우려 속에도 금리인하가 나타나는 현 시점에 가장 안정적이면서 매력적인 투자처란 이유에서다. 게다가 국내에서도 '코리아밸류업지수'가 출시되며 주주환원에 대한 기대감이 커지고 있다.

한국예탁결제원에 따르면 2024년 3분기 말 기준 서학개미들이 보유하고 있는 슈드는 11억 6,350만 달러에 달한다. 특히 서학개미들은 2024년(1~3분기)에만 이 ETF를 무려 4억 5,254만 달러 순매수했다.

이 ETF는 미국 대표 고배당주 100개 종목에 투자하는 상품이다. 2024년 9월 말 기준 홈디포(4.30%), 버라이즌(4.25%), 블랙록(4.21%), 시스코(4.20%), 텍사스인스트루먼트(4.05%) 등 미국 주요 배당주를 담았고 연 4회(3, 6, 9, 12월) 배당금을 지급하고 있다. 2023년 기준 배당수익률은 3.49%였다. 미국의 기준금리가 당시 5.25~5.50%였던 점을 감안하면 아쉬울 수 있다.

하지만 배당주는 금리인하 시기에 매력이 커진다. 채권을 비롯한 저축 상품보다 안정적인 현금 흐름을 제공할 수 있기 때문이다. 2024년 9월 미국이 금리를 4.75~5.0%로 조정하며 한 번에 0.50%포인트 인하하는 '빅컷'을 단행하자 배당주가 주목을 받고 있다.

국내 자산운용사들도 배당 상품 라인업 강화에 힘쓰고 있다. 2024년 9월 신한자산운용은 슈드에 'KRX 미국채10년지수'를 50대 50으로 구성한 'SOL 미국배당미국채혼합' ETF를 내놓았다. 배당주 투자자들의 눈을 맞추면서도, 미 국채로 안정성을 한층 강화한 것이 특징이다. 이 외에도 삼성자산운용이나 미래에셋자산운용, 한국투자신탁운용 등 역시 슈드가 추종하는 지수와 마찬가지로 미국 배당 다우존스지수를 추종하는 상품을 이미 보유하고 있다.

밸류업지수 발표, 기업 참여 확대 기대

국내 증시에서도 배당주에 대한 기대감이 커지고 있다. 정부가 '기업 밸류업 프로그램'을 시작한 데 이어 한국거래소도 '코리아밸류업지수'를 출시했기 때문이다. 편입 종목을 둘러싸고 갑론을박이 커지자 거래소는 당초 2024년 6월 정기 변경을 하겠다는 입장을 번복해 연내 변경 가능성도 내놓았다. 이에 밸류업지수 출시 당시에는 종목으로 선정되지 못했지만 2024년 밸류업 공시를 할 것으로 기대되는 KB금융이나 하나금융지주가 오히려 투자자들의 주목을 받았다.

최정욱 하나증권 연구원은 "대부분의 은행들이 언제까지의 기간 내에 총 주주환원율을 45~50% 수준으로 확대한다는 명시적 주주환원율을 제시하고 있는 반면, KB금융은 프레임과 로직을 제시하고 거기에 맞는 상황이 충족될 경우 주주환원율이 단기간에 50%를 크게 상회할 수도 있는 상단이 열려 있는 주주환원 방안을 내놓을 것"이라고 내다봤다.

시장에서는 기업들이 밸류업지수에 편입되기 위해 주주환원에 적극적인 움직임을 보일 것으로 기대하고 있다. 이에 따라 배당과 자사주소각에 대한 관심도 커질 것이란 평가다. 강기훈 신영증권 연구원은 "(현재 거래소는) 밸류업에 소극적인 기업에게 지수 편입 시 얻게 될 경제적 효익을 선보이고 자발적 정책 참여를 유도하겠다는 입장"이라며 "아직 지수 편입을 통한 이익에 대해 반신반의한 상태지만 2025년 세제개편안 등 정책적 지원 여지가 남아 있다는 점에서 향후 기업들의 적극적 참여를 기대할 수 있을 것"이라고 덧붙였다.

어린이
보험

0세부터 100세까지,
우리 아이를 위한 보험의 모든 것

0.721명.

2023년 우리나라의 가임여성 1인당 합계 출산율이다. 2018년 0.98명으로 1명대를 밑돌기 시작한 뒤 계속 우하향 곡선을 그리고 있다. 높아진 집값과 경제 사정 등 때문에 20~30대들이 결혼에 흥미를 잃고 결혼한 이들도 자녀를 두지 않는 '딩크족'들이 늘어난 결과다. 그럼에도 아이를 낳고 기르는 일은 인간이 누릴 수 있는 큰 행복 중의 하나다. 아이를 가지거나 기르는 부모들은 점점 더 '금쪽' 같아지는 내 아이를 위한 적합한 보험이 무엇인지 관심을 기울이고 있다.

태아보험 가입 시 따져봐야 할 체크리스트

출처: 보험업계

필수 특약	불필요 특약
☐ 주요 3대 질병(암, 뇌질환, 심장질환) 보장 특약 ☐ 가장 넓은 범위의 수술비 특약 ☐ 가장 넓은 범위의 입원비 특약 ☐ 선천성 질환 보장 특약 ☐ 소아 발병률 높은 질병 보장 특약 ☐ 일상생활배상책임 특약	☐ 보장 금액은 적은데, 보험료가 비싼 특약 　(예: 보장 금액 50만 원, 월 보험료 1만 원) ☐ 보장받기 까다로운 특약 　(예: 특정 질병 코드만 보장) ☐ 발병률이 낮은 질병 특약 ☐ 다른 특약으로 커버 되는 특약

태아보험, 임신 사실 알았다면 22주 전까지 가입 가능

아이를 가졌다면, 태아보험은 언제 가입해야 할까.

우선 태아보험에 대한 정의가 필요하다. 태아보험은 별도 상품이 있는 게 아니라, 어린이가 피보험자이고 부모가 보험계약자인 어린이보험에 특약 형태로 넣어서 가입하는 식이다. 태아 상태부터 출생 시 발생하는 위험과 성장 과정에서 발생하는 위험에 대비 가능한 상품이다. 저체중이나 선천성기형 등 태아를 위한 담보와 출산 위험, 질병 등 산모를 위한 담보가 포함돼 있다.

임신 중 태아보험에 가입하면 아이가 출생 직후부터 성장에 이르기까지 각종 질병과 상해로 인해 실제 병원에 부담한 비용들을 입원비특약과 수술특약 등을 통해 보장받게 된다. 조산이나 저체중으로 태어나 인큐베이터를 이용해야 하는 신생아가 늘어 예비 부모들의 태아보험 가입은 필수다.

출생 후 이상이 발견되거나 질병, 사고 등이 발생하면 보험 가입이 어려워질 수 있기 때문에 임신 사실을 알고 난 뒤 태아보험 형태로 미리 가입하는 추세다. 통상 임신 사실을 안 날부터 임신 22주 전까지 가입 가능하다. 보장기간·금액에 따라 가격이 천차만별이지만 일반적으로 월 보험료 5만~10만 원대가 가장 많다. 아이가 태어나면 태아 관련 특약은 자동 소멸된다. 특약이 사라지기 때문에 보험료도 줄어든다.

태아보험보다 보장은 적지만 비용이 부담된다면 '대한민국 엄마보험' 가입은 필수다. 우체국이 만든 공익보험으로, 임신 22주 이내인 17~45세 여성은 무료로 가입할 수 있다. 2023년 출시 당시 가입자는 1,000여 명이었지만, 현재는 가입자가 5만 명 이상 이상으로 늘었다. 엄마보험은 자녀가 크론병 등 질병관리청이 지정한 희귀질환 진단을 받을 경우 100만 원의 보험금을 받을 수 있다. 임신 중인 여성이 임신중독증이나 임신고혈압, 임신성당뇨병 등에 걸리는 경우 3만~10만 원의 보험금이 지급된다.

예비 엄마들은 관련 상품의 종류가 다양하고 보험회사마다 가입 시기와 보장 범위, 금액, 특약 등이 다른 만큼 태아보험 순위 비교사이트를 통해 전문가의 도움을 받는 것이 좋다. 자녀의 보장을 강화하는 목적으로 태아보험 설계를 진행하는 것이 유리하기 때문에 각 보험의 특성을 제대로 파악해야 한다.

직장인 부부라면 재직 중인 회사가 단체보험에 가입했는지 여부를 확인하면 좋다. 단체보험은 임직원들의 질병·상해를 보상하기 위해 회사가 가입하는 상품으로, 보장 범위는 제각각이다. 단체보험에 임신·출산 보장 특약이 있다면 단체보험을 통해 보상받아도 된다. 임직원 배우자의 임신·출산도 보장하는 단체보험도 있기 때문에 부부 모두 보장 범위를 파악하는 것이 현명하다.

내 아이를 위한 보장 상품 뭐가 좋을까

어린이보험은 0세부터 15세까지 가입 가능한 종합보험으로 2004년 국내 처음 출시됐다. 성장하는 아이에게 발생할 수 있는 질병이나 상해 위험 등을 보장해주는 상품이다. 성인보다 질병이 발생할 가능성이 낮아 보험료가

10~20% 저렴하고 보장 범위가 넓은 점이 특징이다. 질병에 걸렸을 때 보험료를 내지 않고도 보험을 보장받을 수 있는 납입 면제 범위가 넓은 점도 장점이다.

최근 보장성 상품 중심으로 판매 영역을 넓혀가는 보험사들도 어린이보험 판매에 적극 나서고 있다. 실제 현대해상의 '굿앤굿어린이종합Q'는 2004년 첫 출시 이후 20년 동안 약 527만 건을 판매한 대표 상품이다. 2023년에도 약 16만 명의 태아가 가입하는 등 신생아 10명 중 7명의 선택을 받았다.

KB손해보험은 'KB 금쪽 같은 자녀보험'을 판매 중이다. 기존 자녀보험의 신체 건강과 정신 건강 보장에 더해 자녀의 건강한 성장까지 돕는 상품이다. 중증질환 산정특례(뇌혈관·심장) 보장과 '카티(Car-T)' 항암약물 허가 치료비를 탑재해 고액의 비급여 및 신의료기술 치료를 대비할 수 있게 했고, 총 11개의 신규 특약도 넣어 보장을 강화했다.

삼성화재는 '마이 슈퍼스타'를 리뉴얼한 'New 마이 슈퍼스타'를 2023년부터 판매하고 있다. 태아부터 15세까지 가입 가능하며, 보험 기간은 80, 90, 100세까지 선택할 수 있는 상품으로 분할지급형 담보를 포함해 담보 선택권을 강화했다. 베일리 영유아 발달검사 지원비와 소아 성장호르몬 결핍 치료비 등 자녀에 특화된 신 담보 7종도 신설했다.

어린이보험 30세 만기 vs 100세 만기

구분(월)	30세 만기	100세 만기
보험료	상대적으로 저렴	상대적으로 비쌈
보장 이슈	만기 전 큰 병에 걸릴 경우 일반보험으로 전환 어려움	현재 시점에서 가입한 보장 금액이 미래시점에서는 불충분할 수 있음
활용 팁	계약전환제도: 30세 만기 시점에 보험 기간을 80세, 100세 등으로 연장할 수 있는 제도	저(무)해지상품: 납입 기간 중 해지환급금이 없거나 적은 대신 저렴한 보험료로 가입 가능

어린이보험에 가입할 때 알아둬야 할 주의사항은 먼저 가입할 때 30세 만기부터 100세 만기까지 다양한 연령대의 만기 중 하나를 선택해야 한다는 점이다. 가계 소득이나 자녀의 건강 상태, 보험료 등을 고려해 자신에게 맞는 것을 고르는 것이 좋다. 30세 만기는 자녀의 경제적 독립 시기까지 보장하며 100세 만기에 비해 보험료가 저렴하다.

더불어 다자녀가정 할인 등 보험료를 할인받는 방법과 서비스들을 자세히 알아보는 것이 좋다. 최근 보험사들은 특정 미션을 달성하면 포인트를 주는 등 다양한 부가서비스를 제공하는 경우가 많다. 또 어린이보험은 가입 즉시 암이나 2대 질환(뇌·심장) 관련 보장이 가능하므로 15세 이전에 가입하는 것이 유리하다.

다양한 맞춤 혜택, 진화하는 어린이보험

최근 어린이보험 상품은 진화하고 있다. 미래 고객을 미리 선점하기 위한 보험사들의 치열한 경쟁이 벌어지면서 어린이보험의 보장 기간이 100세로 확대됐다. 태아보험 형태로 0세부터 자녀의 보험을 가입해줬다면 아이는 이 보험 가입으로 태어나 100세가 될 때까지 보장받을 수 있다.

영유아기에 걸리기 쉬운 질병 특화 상품은 물론 자녀와 연계해 부모님의 보험료를 깎아주는 서비스도 등장했다.

카카오페이손해보험은 2024년 영유아보험을 출시했는데 '필수 보장만 최적가 설계', '카톡으로 보험금 간편 청구' 등을 내걸었다. 응급실 진료비 및 수족구·독감·폐렴·중이염과 같이 0~5세 영유아가 걸리기 쉬운 질병만 모았다.

예를 들어 만 3살 딸아이가 가장 비싼 3배 플랜(순수보장형)을 선택해도 3년 동안 월 1만 1,976원이면 응급진료를 받을 때마다 횟수 제한 없이 3만 원, 독감·폐렴·수족구는 매년 1회씩 15만 원, 중이염은 매년 1회씩 3만 원

치료비나 진단비를 정액으로 보상받을 수 있다. 1~3년까지 원하는 기간을 자유롭게 선택해 가입할 수 있다. 이미 어린이보험 등 다른 보험에 가입되어 있더라도 중복으로 보장받을 수 있어 기존 보험만으로 부족한 보장을 보완하거나 병치레가 잦은 영유아 시기에만 집중 보장받는 식으로 활용도 가능하다. 카카오톡으로 만기 도래 알림도 제공할 예정으로 보장 공백 없이 재가입도 쉽게 할 수 있다.

보험금 청구도 빠르고 간편하게 할 수 있다. 특히 성인에 비해 상대적으로 응급실에 자주 가게 되는 영유아기 아이들을 생각하면 24시간 언제 어디서나 카카오톡만 있으면 청구가 가능한 점은 큰 장점이다. 제출해야 하는 서류도 최소화해 병원 방문 후 영수증 등 간단한 서류만 찍어서 올리면 터치 몇 번만으로 보험금 신청이 가능하다.

자녀와 연계해 부모의 자동차보험 할인 혜택을 주는 상품도 있다. 현대해상은 어린 자녀가 있는 고객의 자동차보험 할인 혜택을 강화하고, 업계 최초로 어린이 통학버스를 운영하는 교육시설을 대상으로 자동차보험료 할인 특약을 신설했다. 기존 자녀 할인 특약은 자녀 연령이 만 6세 이하인 경우 할인 대상이었으나 이번 개정을 통해 만 12세 이하로 대상을 크게 확대했다.

연령별로는 자녀 연령이 만 7~9세까지는 최대 8%, 만 10~12세까지는 최대 4% 보험료 할인 혜택을 적용한다. 또 현재 도로교통법에서 어린이 통학버스가 일반차량보다 엄격한 안전운전 책임과 주의의무를 둔 것을 고려하여, 만 12세 이하 어린이 교육시설에서 이용하는 업무용 통학버스의 자동차보험료를 12% 할인받을 수 있도록 하는 '어린이 통학버스 할인 특약'도 업계 최초로 신설했다.

어린이보험 가입 시 주의사항은 물론 보험료다. '자녀 사랑'의 마음을 노려 다양한 특약들이 쏟아져 나오고 있지만 이것저것 특약을 모두 포함한다면 보험료는 비싸진다. 일부 특약의 경우 시간이 지나면 보험료 역시 갱신이 되기 때문에 보험료 부담이 커진다. 특약에 우선순위를 두고 한정된 예산에 맞춰 가입하는 것이 좋다고 전문가들은 조언한다. 최근에는 해지환급금을 주지 않는 대신 보험료를 저렴하게 책정한 무해지환급형도 등장했다. 해지 환급금이 없기 때문에 가입 기간 중도해지는 권장하지 않는다.

한편 그간 사각지대에 있었던 임산부를 위한 보험 상품도 속속 개발되고 있어 아이를 낳는 엄마들을 위한 보험상품도 확대될 예정이다. 2024년 8월 금융위원회와 금융감독원은 '제2차 보험개혁회의'를 개최해 저출생 대책으로 임신과 출산을 보장에 공식 포함하기로 했다. 2023년 출생아 수가 23만 명인 점을 고려하면 매년 20만여 명의 임산부가 혜택을 받을 수 있을 것으로 전망된다. 이에 보험사들은 관련 상품을 개발해 2025년에는 본격 선보일 것으로 보인다.

보험료
리모델링

보험료는 다이어트,
필요 보장은 탄탄하게

치솟는 물가와 줄
어드는 소득 속에서
매달 나가는 보험료
는 부담스럽게 다가
온다. 이 때문에 가
입한 보험을 해지하
거나 보험 가입을 주

저하는 사람이 늘고 있다. 실제로 2024년 보험 계약 해지에 따른 해약환급
금이 40조 원을 돌파할 전망이다.

보험업계에 따르면 22개 생명보험사의 2024년 상반기(1~6월) 해약환급금
지급액은 27조 1,558억 원으로 집계됐다. 월평균 4조 5,000억 원씩 보험을 해
지했다는 의미다.

보험료 미납으로 인한 효력상실환급금도 증가세다. 효력상실환급금은 보
험 가입자가 보험료를 2개월 이상 납부하지 못했을 때 보험사가 해지를 통보
하면서 지급하는 금액으로, 비자발적 해지를 의미한다. 2024년 상반기 효력
상실환급금은 6,682억 1,100만 원으로 2023년 같은 기간(6,536억 4,300만 원)
보다 늘었다. 2023년 연간 효력상실환급금은 1조 6,705억 원으로 2020년(1조
5,976억 원) 이후 3년 만에 증가세로 돌아섰다.

지속적인 고물가로 얇아진 지갑이 원인으로 꼽힌다. 통계청이 발표한

2024년 9월 소비자물가는 1.6% 올랐다. 물가상승률이 1%대를 기록한 것은 2021년 3월(1.9%) 이후 처음이다. 다만 체감물가는 여전히 높다는 게 전반적인 평가다. 폭염과 폭우 등으로 작황이 좋지 않아 채소류 가격은 1년 전보다 11.5% 뛰었다. 외식 등이 포함되는 개인서비스 물가도 전년보다 2.9% 올랐다. 개인서비스 물가는 2024년 1월부터 3%대에서 2% 후반대 상승률을 이어가고 있다.

반면 실질소득은 줄었다. 한국은행의 '2024년 2분기 국민소득(잠정)'에 따르면 실질 국민총소득(GNI)은 전기보다 1.4% 감소했다. 실질 GNI의 감소 폭은 2021년 3분기(-1.6%) 이후 11개 분기 만의 최대 낙폭이었다.

소득은 줄고 지출은 늘면서 보험계약을 유지하는 게 힘든 상황이다. 다만 무턱대고 보험계약을 해지하는 것보다는 불필요한 항목을 제외해 보험료 부담을 감소시키는 방향의 '보험료 리모델링'이 현명하다는 의견이 지배적이다. 필요할 때 보험 보장을 받지 못하면, 더 큰 지출이 발생할 수 있어서다.

가족력 고려하고 중복 보상은 제외

보험료 리모델링에는 몇 가지 원칙이 있다. 가족력을 고려해 필요한 특약과 불필요한 특약을 구분하는 게 첫 단계다. 이를 통해 보험료를 상당 폭 낮출 수 있다고 보험업계 종사자들은 조언한다. 유전적 요인과 가족의 식습관, 생활 습관 등으로 가족력이 있는 질병군에서 발병 확률이 높기 때문이다.

중복된 보험을 정리하는 것도 방법이다. 오래전 부모님이 가입해준 보험, 본인이 가입한 보험, 다니는 회사에서 제공하는 보험 등 다양한 보험에 가입한 경우에는 보장 항목이 겹치는 사례가 종종 발견된다. 이런 경우 보험약관을 통해 비례보상과 정액보상 등 보상 구조를 따져 중복된 항목과 초과분을 정리하는 게 나을 수 있다.

질병이나 재해 시 발생하는 치료비 등 의료비를 보상하는 손해보험상품의 경우 보상 구조에 따라 유불리가 달라진다. 보험 가입 금액 한도 내에서 실제 치료비를 보상하는 비례보상 구조에선 보험을 여러 개 들고 있어도 보험료 부담만 이중으로 나간다. 실제 치료비 이상을 받을 수 없기 때문이다. 예컨대 200만 원을 한도로 치료비를 담보하는 상해보험과 300만 원을 한도로 치료비를 담보하는 운전자보험을 보유하고 있는데 실제 치료비가 300만 원이라면 비례보상에서는 2개의 보험에서 보상받을 수 있는 금액은 총 300만 원이 되는 식이다. 이런 경우라면 한 개의 보험상품을 해지하는 것이 현명하다고 볼 수 있다.

반면 정액보장(중복보장)이라면 얘기가 달라진다. 동일한 보장의 여러 보험 상품을 여러 개 들었어도 정해진 보장금액을 중복해서 받을 수 있어서다. 즉 약관상 정액보장의 진단비·수술비·입원비 보험 등의 보험상품을 2개 가입했다면, 기준 충족 시 보장금액을 2개의 상품에서 모두 받을 수 있다는 의미다. 생명보험의 경우 사망보험금, 후유장해보험금 등이 겹치더라도 각각 보험에서 모두 지급되기 때문에 가입자의 필요에 따라 중복으로 가입해도 된다. 중복보장이 가능한 상품이라면 현 상황에서 유불리를 따져 해지 여부를 선택하는 게 좋다.

사망보험은 '종신보험'과 '정기보험'으로 나뉜다. 보장 기간이 평생인 종신보험의 보험료가 상대적으로 비싸다. 통상 사망보험은 경제활동이 활발한 시기, 자녀가 어린 시기에 보장을 강화해 설계한다. 갑작스러운 가장의 부재로 유족에게 경제적 위기가 발생할 수 있어서다. 만약을 대비한 경제적 안전장치인 셈이다. 다만 자녀가 성장해 독립을 앞둔 시기라면 보장을 축소하는 것을 고려해볼 만하다. 보험의 보장금액을 줄이거나 보장 기간을 축소해 매월 내는 보험료를 낮추는 방식이다. 보험료가 부담돼 해지를 고려한다면 환급금 조건을 꼼꼼히 살펴야 한다. 보험 가입자는 청약을 한 날 또는 제1회 보험료를 납입한 날로부터 15일 이내에 청약을 철회할 수 있다. 보험사는 철회 신청을 받은 날부터 3일 이내에 계약자에게 낸 보험료를 돌려줘야 한다. 다만 자동차보험 중 의무보험, 보험 기간이 1년 미만인 단기성 보험, 보험 가입을 위해 피보험자가 건강진단을 받아야 하는 보험, 단체보험 등은 청약 철회가 불가능하다. 이 기간이 지난 후 보험 만기 전 계약 해지를 하면 원금에 훨씬 못 미치는 환급금을 받게 된다. 이런 탓에 원금이 아까워 해약하지 못하는 경우가 있다. 특히 종신보험은 10년 이상 보험료를 정상적으로 납입하더라도 해지 때는 환급금이 원금보다 적다.

이런 이유로 만기에 도래했을 때 받는 만기환급금이나 해약 시 돌려받는 해약환급금을 따져봐야 한다. 이후 해약이 필요하다고 판단된다면 과감하게 정리하는 게 나을 수 있다. 대신 환급금을 재투자해 손실을 만회하는 전략도 함께 고려하는 게 보다 현명한 방법이다.

갱신형이라면 비갱신형으로 갈아타기

보험료의 갱신 여부 역시 리모델링 여부를 판단할 때 중요한 요소다. 갱신형은 일정 기간마다 보험료가 계단식으로 인상되고 보장 기간 내내 보험료를 내야 하는 전기납 형태가 일반적이다. 보험 초기에는 보험료가 적지만, 시간이 지날수록 보험료가 갈수록 오르기 때문에 소득이 줄어드는 노년기에는 부담으로 작용한다. 특히 질병에 걸릴 위험이 높은 노년기에 높아진 보험료가 부담돼 납부하지 못해 정작 보장을 받지 못할 수도 있다.

반면 비갱신형은 보험료 변동이 없다. 갱신형과 비교해 초기 보험료가 비싸다는 게 단점이지만, 계약 시 정해진 기간까지만 보험료를 내면 된다. 소득이 많은 30~40대에 보험료를 부담하고 노년(납입 기간 이후)부터는 추가 비용 없이 계약을 유지할 수 있는 구조다.

갱신형 상품에 가입한 상태라면 향후 보험료를 부담할 수 있는 경제적 능력이 있는지를 따져봐야 한다. 보험료 부담이 크다고 판단되면 과감하게 보험을 갈아타는 것을 추천한다. 만약 30대가 보험에 가입하면서 갱신 주기를 1~20년으로 한다면 계약 유지가 힘들 수 있다. 40대가 넘어가면서 보험료가 가파르게 인상되고 50대에는 보험료가 2배 이상 늘어날 수 있기 때문이다.

이런 탓에 60세 미만인 경우 갱신형을 해지하고 무·저해지 상품 중 비갱신형으로 갈아타는 것을 고민해야 한다. 무·저해지는 보험료가 저렴한 대신 계약을 해지하면 환급금을 주지 않거나 적게 지급하는 상품이다. 보험을 중도 해지할 계획이 없거나, 보험료 납입 기간을 지킬 자신이 있다면 기존 비갱신형 상품보다 유리하다.

반면 60세 이상 노년층이라면 갱신형이라도 해지하지 않는 게 좋다. 노년층은 질병에 걸릴 확률이 높고 과거 보험금을 받은 이력이 많기 때문에 보험 가입 시 일부 담보에 대한 가입이 거절될 수 있기 때문이다. 당뇨로 보험금을 받은 이력이 있다면 보험 가입 시 당뇨와 관련된 보장은 제외된 상품에만 가입하는 것이다. 보험료가 저렴해도 보장 범위가 줄어들기 때문에 전문가들은 추천하지 않는다.

보험료 리모델링을 하는 과정에서 반드시 지켜야 하는 항목들이 있다. 암·뇌·심장질환 등 3대 질환에 대한 진단비는 필수다. 3대 질환 진단비는 치료를 받는 동안 생활비로 사용할 수 있다. 진단 시 1년 연봉의 보험금을 한 번에 받을 수 있을 정도로 준비하는 게 합리적이다.

목돈이 드는 암을 대비한 암보험도 합리적으로 재구성할 필요가 있다. 암보험은 소액암과 일반암 모두 '일반암 기준'으로 보험금을 받을 수 있는지가 중요하다. 소액암에 진단됐다고 일반암 진단 시 받는 보험금의 20%만 지급되는 상품이라면 계약 해지를 고려해볼 만하다. 단, 의료기술 발전으로 어떤 고가의 치료가 나와도 부담 없이 치료받는 '암주요치료비'와 암세포만 골라 공격하는 표적항암 관련 치료 특약은 필수다.

자체적으로 보험 리모델링을 하기 어렵다면 애플리케이션(앱)을 활용하는

뱅크샐러드의 '건강 정보로 보험료 줄이기'
서비스 등을 이용하면 보험료 리모델링이
좀 더 손쉬워진다.

방법이 있다. 뱅크샐러드의 '건강 정보로 보험료 줄이기' 서비스가 대표적이다. 이 서비스는 이용자가 건강검진 내역과 연령, 성별, 가족력 등의 데이터를 입력하면 인공지능(AI)이 분석해 가장 주의해야 하는 질병을 예측하고, 이를 토대로 맞춤형 보험 분석과 영양제를 추천해준다. 또래보다 걸릴 가능성이 높은 질병에 대해서도 안내해준다.

이 서비스에서 다루는 질병은 △ 심장병(혈액순환) △ 치매(뇌 건강) △ 위암(소화기 건강) △ 폐암(호흡기 건강) △ 대장암(장 건강) △ 간암(간 건강) △ 당뇨병(비만, 혈당) △ 고혈압(혈압) △ 백내장(눈 건강) △ 이상지질혈증(중성지방, 콜레스테롤) △ 전립선암(남성 건강) 등 주요 13개 항목으로 구성됐다.

AI가 각 항목별로 주의해야 하는 질병 1위부터 10년 내 질병 발병률까지 예측해준다. 또 해당 질병에 걸렸을 때 예상 입원 일수, 예상 요양 일수도 안내한다. 이어 마이데이터로 연결된 보험 가입 현황을 통해 △ 실손 △ 진단 시 △ 수술 시 △ 입원 시 필요한 예상 보장액과 내가 보유한 보험의 각 항목 여부도 알려준다. 이런 분석 결과를 바탕으로 필요한 항목의 보장을 강화하거나 불필요한 항목의 보장을 축소하는 등 보험료 줄이기 등 보험 리모델링에 도움을 받을 수 있는 셈이다.

노후
돌봄 보험

초고령시대 노후 대비 1순위 '돌봄', 간병·치매보험

한국은 세계에서 가장 빠른 속도로 '늙고' 있는 나라다. 2024년 7월 말 기준 65세 이상 인구가 1,000만 명을 넘어섰다. 2025년에는 고령인구가 전체 인구 중 20% 이상인 '초고령사회'로 진입할 전망이다. 불과 몇 해 전 '다이내믹 코리아'를 표방했던 한국이 나이로만 보면 이제 더는 '역동성'을 앞세울 수 없는 나라가 됐다.

한국의 초고령화 속도는 가파르다. 한국의 고령인구 비중은 2045년 36.9%를 기록하며, 일본(36.8%)을 추월할 것으로 예상된다. 특히 의료·요양·돌봄이 필요한 75세 이상 후기 고령인구 증가가 눈에 띈다. 통계청 장래인구추계에 따르면 후기 고령인구는 2024년 411만 명에서 2050년 1,153만 명으로 3배 가까이 증가할 것으로 전망되고 있다. 2050년께 한국의 인구가 4,700만여 명으로 추산되는 점을 고려하면 4명 중 1명이 노인인 셈이다.

고령인구의 증가는 돌봄서비스의 수요 증가를 일으킨다. 하지만 국내 돌봄서비스 여건은 턱없이 부족하다는 진단이다. 노인장기요양 등급자는 2023년 105만 명에서 2050년 297만 명으로 늘어날 전망이다. 건강보험공단 요양보호사 수요 예측에 따르면 지난 2021년 50만 명이었던 요양보호사는 2041

년에는 150만 명이 필요하다.

하지만 요양보호사의 인력난은 가중될 것으로 관측된다. 건강보험연구원 조사 결과 2023년 110만 명 수준인 장기요양보험 수급자는 2027년 145만 명, 2030년 160만 명으로 증가할 것으로 예상된다. 이들을 돌볼 요양보호사 공급은 2027년부터 7만 5,000명 부족할 것으로 추산된다.

월 간병비 400만 원, 간병보험으로 부담 낮추기

이처럼 돌봄서비스 수요는 매년 급증하는 추세지만 공급이 이를 따라가지 못하고 있다. 수요와 공급의 균형이 무너진 시점이 오면 돌봄서비스 비용이 기하급수적으로 늘어날 것이란 우려가 팽배하다.

건강보험 가입이 의무인 우리나라는 장기요양보험을 기본적으로 제공한다. 65세 이상 노인이나 65세 미만의 노인성 질병(치매·뇌혈관성질환·파킨슨병 등)을 가진 사람이 장기요양인정을 신청하면 정도에 따라 1~5등급이나 인지지원등급(6등급)으로 분류해 지원하는 제도다. 다만 과잉 진료와 고령화 등으로 2026년부터 건강보험 재정이 적자로 전환될 것으로 예상되면서 서비스 제공에 한계가 있다는 지적이 꾸준히 제기됐다.

이에 보험사들이 앞다퉈 간병보험을 출시하며 틈새시장을 공략하고 있다. 간병보험은 보험기간 중 장기요양 상태가 되거나 치매 등으로 일상생활이 어려운 경우 간병 자금이나 생활비 등을 지급하는 상품이다. 우리나라 평균 간병비는 24시간 기준 약 13만 원으로 월평균 400만 원 정도가 든다. 정부에서 장기요양 1등급을 받는다 해도 재가급여는 2024년 기준 207만 원 수준이다. 나머지 비용은 환자가 부담해야 한다. 간병보험이 필요한 이유다.

간병보험은 '일반 간병보험'과 '간병인보험'으로 나뉜다. 일반 간병보험은 장기요양등급 판정을 받아 일시금과 재가·시설 급여금 등을 지급한다. 간병인보험은 등급과 별도로 간병인 서비스를 지원한다. 간병인보험은 다시 '간병인 지원 일당'과 '간병인 사용 일당(간병비)'으로 구분된다. 지원 일당은 보험사가 제휴업체를 통해 간병인을 직접 보내주는 상품이다. 간병인을 직접 고용하지 않아도 되고 간병인 인건비 상승의 영향을 받지 않는 등의 장점이 있다.

보험 혜택도 눈길, 페이백부터 물가상승형까지

간병보험 경쟁이 치열해지면서 페이백을 탑재한 상품도 출시되고 있다. 메리츠화재는 간병인 비용으로 200만 원을 쓰면 절반인 100만 원을 돌려주는 페이백 특약을 선보였다. 당초 이 상품은 500만 원을 사용한 뒤 100만 원을 환급해줬지만 상품 경쟁력 제고를 위해 기준을 낮췄다. DB손해보험도 간병비로 300만 원 이상 쓰면 150만 원을 돌려주는 특약을 내놓았다. KDB 생명은 가입자가 보험료를 납입하던 중 장기요양 1~2등급 판정을 받으면 그동안 냈던 보험료를 모두 돌려주고, 앞으로 보험료를 내지 않아도 되는 상품을 출시해 이목을 끌었다.

시간이 지날수록 보험금을 높이는 체증형 상품도 있다. 고령화와 저출생으로 유병자는 많은데 돌봄 인력은 부족한 '간병대란'이 발생할 경우 간병비가 치솟을 것을 예상한 상품이다. 통계청에 따르면 1일 평균 간병비는 2019년 9만 8,000원이었지만, 2023년 말 기준 12만 7,000원으로 증가했다. 중증 환자 간병비도 2023년 말 15만 원에서 2024년 18만 원까지 상승했다. 2023년 전국보건의료산업노동조합 조사에 따르면 환자 가족 중 96%가 간병비에 부담을 느끼고 있는 것으로 조사됐다.

체증형 상품은 갈수록 상승하는 물가와 인건비 부담을 줄일 수 있다는 점이 강점이다. KB손해보험은 간병인 사용 일당에 최초 가입금액을 5년마다 10%씩 할증한 금액으로 보상하는 특약을 마련했다.

고지 방식에 따라 보험료가 다르게 책정되기도 한다. 가령 간편고지형은

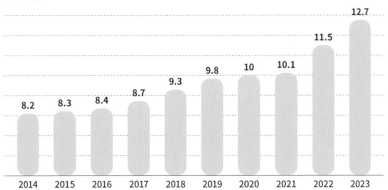

연도별 간병비 추이

출처: 통계청
단위: 만원

2014	2015	2016	2017	2018	2019	2020	2021	2022	2023
8.2	8.3	8.4	8.7	9.3	9.8	10	10.1	11.5	12.7

표준형보다 고지 항목 일부가 축소돼 고지할 질병 이력 등이 적다. 위험이 높은 만성질병 보유자도 가입할 수 있지만 보험료가 비싸다. 이에 반해 건강 고지형은 표준형보다 고지 항목이 일부 확대돼 고지할 질병 이력 등이 많은 상품이다. 이 상품은 통상 위험이 낮은 가입자가 대상이다. 이런 탓에 고지 항목이 많고 절차가 복잡해 가입이 까다롭지만 보험료는 저렴하다.

입원 180일 넘으면 지급 안 돼, 지원 요건 꼼꼼히 숙지해야

다만 약관에 따라 간병비 지급이 거절될 수 있다. 실제로 A씨는 간병인 지원 입원 일당 특약에 가입하고 척추질환으로 입원했다. A씨는 임의로 간병인을 사용한 후 간병인 사용 비용을 보험사에 청구했지만, 소액의 입원 일당만 지급됐다. 약관상 간병인 지원을 받기 위해서는 최소 48시간 전에 보험사에 간병인 지원 신청을 해야 했다. 임의로 간병인을 사용하면 입원 일당을 지급한다고 명시돼 있었다.

이런 탓에 가입한 보험이 보험사가 간병인을 지원하는 간병인 지원 입원 일당 특약인지, 간병인 사용 후 보험금을 받는 간병인 사용 일당 특약인지

구분해 보험금 청구 시 불이익이 없도록 유의해야 한다.

요양병원 장기 입원자는 '180일' 이상 입원 시 보험금 지급 대상에서 제외될 수 있다. 간병인 사용 일당은 간병인을 사용하면 하루당 사용 금액을 지급하는 담보다. 보험사마다 차이가 있지만 대부분 180일 한도에서는 요양병원에서도 보험금을 받을 수 있다. 하지만 180일 이상 장기 입원하면 담보를 사용할 수 있는 사용처를 제한한다.

최근 새로 출시된 간병인 사용 일당 담보는 기존 1~180일 담보와는 분리된 구조다. 주요 손보사의 180일 이상 간병인 사용 일당은 '요양·정신·한방병원'을 보장에서 제외하고 있다. 예를 들어 요양병원에 입원한 김 모 씨가 장기 입원을 하게 되면 6개월까지는 요양병원에서 간병인 사용 일당을 활용할 수 있지만 그 이후부터는 다른 병원으로 옮겨야 보장받을 수 있다.

'간병 파산'이라는 말까지 생긴 가운데 불안한 심리를 파고든 과도한 마케팅에 속지 않기 위해선 180일 이상 간병인 사용 일당은 '요양·정신·한방병원'에서 활용할 수 없다는 점을 분명히 알아야 한다. 건강보험공단이 발표한 '2022년 건강보험통계연보' 요양기관 종별 입원실 현황을 살펴보면 국내 전체 입원 병상(72만 4,212개) 중 37.52%는 요양병원(27만 1,787개)에 쏠려 있다. 이는 국내 상급종합병원(4만 8,057개), 종합병원(11만 1,005개), 병원(13만 2,262개)을 모두 더한 비중인 40%와 맞먹는 수치다. 여기에 요양병원 환자 구성은 10명 중 약 5명이 장기 입원환자에 해당한다.

막상 보장 대상인 병·의원에서는 6개월(180일) 이상 장기 입원환자가 많지 않다는 특성도 있다. 의료업계 종사자는 "장기 입원이 필요한 중증도 환자가 주로 요양병원에 입원하고 병·의원급에서는 통원진료·시술·수술을 하는 경우가 많다"며 "막상 병원에서 장기 입원환자를 받더라도 3개월·6개월 단위로 끊어 입원하는 상황이 잦아 180일 이상 입원환자를 찾아보기 어렵다"고 말했다.

위험과 노후 대비는 미리미리 촘촘하게

요양병원을 비롯한 병·의원의 고령자 평균 입원 일수가 180일을 넘는 질병이 0건인 이유다. 건강보험공단 자료 중 '다빈도 상병 진료 현황'을 살펴보면 65세 이상의 평균 입원 일수는 편마비가 148일로 많았고 이어 하반신마비와 사지마비(142일), 알츠하이머(135일), 뇌내출혈(109일), 파킨슨병(98일), 뇌경색(60일) 등으로 나타났다.

한 보험업계 관계자는 "소비자가 오인할 수 있는 내용이라 신 담보에서 요양·한방병원이 제외됐다는 점을 강조하고 있다"고 말했다.

치솟는 치매환자, 치매보험도 주목

치매보험도 고령화시대에 주목할 상품으로 떠오르고 있다. 보건복지부가 발표한 '대한민국 치매 현황 2023' 보고서를 살펴보면 65세 이상 치매상병자 수는 2018년 75만 명에서 2022년 94만 명으로 매년 5만 명씩 증가했다. 2024년엔 처음으로 100만 명을 돌파한 105만명을 기록할 것으로 추산된다. 추정 치매환자 수는 계속 증가해 2030년 142만 명, 2040년 226만 명, 2050년 315만 명, 2060년 340만 명에 이를 것으로 예상된다.

치매환자 한 명을 1년간 돌보는 비용은 2022년 기준 2,220만 원으로 집계됐다. 중증 환자일 경우 연간 관리 비용은 3,480만 원이다. 일반적인 가정에서는 부담스러운 액수다. 치매보험이 떠오른 배경이다. 치매보험은 치매로 진단받았을 때 진단비나 간병비 형태로 보험금을 지급하는 상품이다. 치매 관련 전문가가 실시하는 임상치매척도(CDR)나 장기요양등급에 따라 치매 중증도를 판단해 경도·중증도·중증 치매에 따라 보험금을 지급한다.

치매는 80세 이후 위험도가 커진다. 중앙치매센터에 따르면 65세 이상 치매환자 중 80세 이상이 60%를 차지한다. 이런 탓에 치매보험 가입 시 80세 이후에도 보장하는 상품인지 확인하는 게 중요하다. 최근 치매보험 상품은 100세를 넘어 110세까지 보장하는 상품도 있다.

PART
03

대출도,
투자도 안전이
제일이라면

신용보험

빚의 대물림을 끊는 시작,
신용보험

가계부채 1,200조 원 시대, 정부는 가계부채 증가 속도를 적정 수준으로 맞추기 위해 다양한 정책을 시행하고 있다. 과도한 대출은 가계에 빚 부담을 가중시켜 파산에 이를 수 있기 때문이다. 가계 파산은 국가 경제에도 악영향을 끼쳐 부담을 주는 요소다. 이런 탓에 가계부채에 대한 관리에 집중하고 있다.

가계부채의 부도 위험을 헤지 할 수 있는 방법이 있다. 바로 '신용보험'이다. 신용보험은 대출을 받은 차주가 질병이나 사망 등 예기치 못한 사고로 상환이 어려워졌을 때 보험사가 약정한 대출금을 대신 상환하는 상품이다. 남겨진 가족에게 채무가 전가되는 '빚의 대물림'을 방지할 수 있다.

신용보험은 크게 '신용생명보험'과 '신용손해보험'으로 나뉜다. 신용생명보험은 대출자가 사고로 인한 사망이나 질병 진단으로 대출 상환이 어려운 상황이 되었을 때 보험회사에서 보험금으로 대출을 상환해주는 상품이다. 장점은 보험금으로 잔여 대출이 탕감되므로 가계 재정을 담당하던 가족의 부재 후에도 남은 가족이 빚 갚을 걱정 없이 생활을 이어나갈 수 있다. 대출 상환 후 가족에게 구상권을 청구하지 않고 약정한 보장금액에서 대출금을 상환한 후 남은 보험금은 가족에게 지급돼 생활자금으로 활용할 수 있다. 신용손해보험은 신용생명보험과 유사한 상품 구조를 띠고 있다.

하지만 국내 신용보험 가입률은 낮은 편이다. BNP파리바카디프생명이 글로벌 본사 BNP파리바카디프와 보험 보장에 대한 소비자 만족도, 대출과 신용보험에 대한 인식 변화를 분석한 글로벌 설문조사 '프로젝트&프로젝트 원셀프(Protect & project oneself)' 결과를 살펴보면 2024년 국내 신용보험 가입률은 12%에 불과하다. 2019년 가입률 9%와 비교하면 개선됐지만 여전히 낮은 수준이다.

일본은 주담대 차주 99% 가입, 민간 소비 증진 효과

신용보험은 해외에서는 대중화된 상품이다. 이웃 나라인 일본의 경우 주택담보대출(이하 주담대) 차주의 99%가 신용보험에 가입했다. 은행 등 금융기관이 대출 기간 중 발생할 수 있는 채무불이행 상황에 대비할 수 있도록 신용보험 가입을 권유하기 때문이다. 금융기관이 보험계약자와 수익자가 되고 채무자가 피보험자가 되는 단체계약 구조로 금융기관이 금융소비자인 대출자뿐 아니라 기관의 재정건전성 등을 위해 신용보험을 활용하고 있는 것이다.

주거 안정을 목적으로 설립된 일본주택금융공사의 경우도 일반적인 은행과 마찬가지로 주담대를 제공할 때 단체 신용생명보험에 가입할 수 있도록 하고 있다. 대출받은 사람을 피보험자로 주택금융공사와 공동 인수 대상 생명보험회사가 신용생명보험 단체계약을 체결하며, 주택금융공사는 생명보험회사에 보험료를 납부하는 방식으로 운영된다. 대출자에게 보험사고가 발생한 경우 보험회사가 주택금융공사에 보험금을 지급하며, 주택금융공사는 수령한 보험금을 활용해 대출자의 잔여 대출금을 갚는 방식이다.

일본의 단체 신용생명보험은 주담대를 가진 채무자가 사망하거나 고도장해가 될 경우 보험금으로 대출금액을 상환하는 형태로, 주담대에 특화됐다고 할 수 있다. 2021년 일본의 단체 신용생명보험의 보험가입금액은 약 209조 엔으로 한화 2,090조 원(1엔당 10원 기준) 수준이다.

부동산 가격의 급격한 상승을 통해 버블경제를 경험한 일본은 부채관리 수단으로 신용보험을 적극 활용하고 있다. 버블붕괴, 즉 가상으로 형성된 경제적 가치가 허물어지며 경제가 급격히 축소됐다. 이는 장기적 자산 가격 하락으로 이어졌다. 이에 따라 일본은 대출자와 금융기관을 채무불이행 위험으로부터 보호할 수 있도록 신용보험을 활용하고 있다. 금융소비자는 사고 발생 시 가족에게 빚이 대물림되는 것을 방지할 수 있고, 금융기관은 대출담보 건전성을 제고해 대출자가 빚을 갚지 못하더라도 채권 회수 절차 없이 대출 위험을 관리할 수 있다.

프랑스도 신용보험 가입이 일반적이다. 프랑스는 주담대 실행을 위해 은행에 방문했을 때, 먼저 부동산 대출의 일환으로 은행이 제공하는 단체 신용보험을 권유받는다. 피보험자의 연령에만 의존해 보험료가 부여된다. 따라서 보험료가 고정돼 있기 때문에 개인신용보험에 비해 비교적 보험료가 높다. 하지만 상황에 따라 대출금리를 협상할 수 있고 평균 피보험자보다 위험 프로필이 높다면 유리할 수 있다.

개인신용보험은 피보험자의 나이, 직업, 특히 건강 상태에 따라 보험료가 달라진다. 개개인에게 맞춰 산정되기 때문에 보통 단체보험보다 상대적으로 저렴하다. 위험한 직업에 종사하거나 건강이 취약한 경우 단체보험을 대신해 차선으로 선택할 수 있다. 하지만 본인에게 맞는, 저렴한 보험을 하나하나 찾아봐야 한다는 수고로움이 있다.

프랑스의 보험 중개회사 레아주레무아(Réassurez-moi)에서 제공하는 자료에 따르면 신용보험 시장은 연간 보험료가 80억 유로 이상이다. 주담대를 받은 프랑스 가구는 970만(프랑스 통계청)으로 실제로 은행에서 신용보험에 가입한 가구가 850만에 이른다. 주담대를 받은 가구 중 약 88%에 달하는 가구는 은행을 통해 신용보험으로 대출 상환의 부담을 덜고 빚이 대물림되는 것을 예방하고 있다. 프랑스 역시 은행 등 금융기관에서 신용보험 가입을 권유한다.

독일에선 신용보험 활성화가 국가 경제에 도움이 된다는 분석도 나왔다. 독일경제연구소는 신용보험을 통해 대출액의 27.6%가 보장돼 있고, 이를 바탕으로 코로나19 팬데믹 기간 동안에도 민간 소비가 42억 유로(약 6조 원)늘어나는 효과가 나왔다고 분석했다.

국내 1980년 도입… 각종 규제에 가입률 낮아

우리나라의 신용보험은 1980년대에 도입됐지만 아직 대중화되지 못했다. 보험료 부담도 크지 않다. 금융회사가 대출을 내주는 조건으로 다른 상품을 강매하는 '꺾기'로 오인한 탓이 크다.

그런 사이에 신용보험 가입 필요성은 커졌다. 2015~2017년 동안 은행권 가계대출 가운데 상속인에게 대물림된 건수는 6,577건이며, 부채금액은 8,444억 원이다. 상속받은 건당 평균 부채금액은 1억 3,000만 원에 달한다. 2024년 1분기 우리나라 가계소득 대비 부채 비율(LTI)은 233.9%로 집계됐다. 평균 연간 소득의 2배가 넘는 대출 잔액을 보유하고 있다는 의미다.

국회 기획재정위원회 소속 최기상 더불어민주당 의원이 한국은행으로부터 제출받은 자료에 따르면 2024년 6월 말 기준 국내 가계대출자 1,972만 명 중 평균 연 소득의 70% 이상을 빚을 갚는 데 쓰는 대출자는 275만 명

(13.9%)으로 나타났다. 연 소득의 100% 이상을 모두 원리금 상환에 사용하는 대출자는 157만 명에 달했다.

특히 국내 가계대출의 절반 이상을 차지하는 것이 주담대라는 점을 고려하면 신용보험의 가치는 더욱 높아진다. 주담대는 상환기간이 최장 40년에 달한다. 그만큼 차주가 질병, 상해, 사망 등에 이르러 상환을 하지 못할 위험에 크게 노출돼 있다.

대출 상환이 어렵다면 현실적으로 택할 수 있는 방법은 보유자산 처분이다. 이외에도 상속포기, 한정승인, 파산신청 등을 고려할 수 있다. 다만 보유자산의 가치를 제대로 인정받지 못해 손해를 보거나 가족의 보금자리까지 잃을 수 있고, 또는 상속인에게 이익이 되는 적극재산까지 포기하거나 구상권 청구로 다음 세대까지 빚이 대물림되는 상황이 발생하는 등 추가적인 위험이 따를 수 있다.

물론 대출원리금 외에 추가 보험료를 부담한다는 측면에서 꺼려질 수 있다. 하지만 보험료가 생각만큼 높지 않다. 국내 대표적인 신용보험 판매사인 BNP파리바카디프생명의 e대출안심 보장보험을 살펴보면 일반보장플랜 기준 보험기간 10년, 납입기간 10년, 가입금액 1억 원, 월납 조건으로 30세 남성이 가입하면 월 보험료는 9,400원이다. 같은 조건의 50세 남성이면 월 보험료는 2만 6,300원이다.

단체 신용보험 가입 등 규제 개선 필요

이런 상황임에도 국내 신용보험 가입률이 낮은 배경에는 규제가 꼽힌다. 개인 계약의 경우 은행 내 대출 창구와 보험 가입 창구가 분리돼 대출 직원의 상품 판매·안내가 어렵기 때문이다. 단체계약의 경우 은행의 판매수수료 수취가 금지돼 판매 유인이 낮다는 점이 지적된다.

이에 따라 제도개선이 이뤄져야 한다는 지적이 나오고 있다. 보험연구원은 2021년 보고서에서 단체 신용보험을 통한 가입을 제안했다. 신용생명보험은 보험사고 시 대출 잔액을 상환하기 때문에 채무자만 가입할 수 있어 판매를 위해서는 차입자에 대한 정보가 필수적이다. 대출금융기관이 차입자에 대한 정보를 갖고 있기 때문에 단체보험 방식은 보험 가입 절차를 간소화해 비용을 절감시킬 수 있다.

이에 따라 우선 한국주택금융공사로부터 정책자금을 대출받은 차입자를 대상으로 단체 신용보험을 제공할 필요가 있다. 주택금융공사가 단체 신용생명보험의 계약자 역할을 담당하는 방식이다. 이런 방식을 활용한다면, 저소득 계층, 신용도가 낮은 그룹, 소득 대비 대출이 많은 취약 집단에 대해서는 보험료의 일부를 주택금융공사에서 지원하는 방안도 검토해볼 수 있다고 했다.

판매채널 확충도 필요하다. 미국 뉴욕주는 단체 신용보험을 '2인 이상 채권자의 수탁자·대리인에게 발행한 계약'으로 정의하고, 수수료와 보수에 대해 엄격한 규제를 두고 있다. 우리나라 역시 방카슈랑스 판매에 대한 규제 여건은 호전되기 어렵다. '금융소비자 보호에 관한 감독 규정 제정안'을 보면 기존 규제나 변경된 규제 모두 일반 차주에 대해서는 1% 초과 보험 판매를 금지한다. 신용생명보험의 보험료는 대출금액 대비 1% 미만이기 때문에 이론적으로 판매 제약으로 보기 어렵지만, 대출기관이자 판매채널 역할을 담당하는 은행이 법규 준수 리스크관리 차원에서 소극적인 태도를 보이기 때문이다.

신용 7등급 이하 개인을 취약차주로 구분하여 보장성보험 판매를 제한하는 규제는 신용생명보험에 한해 유연하게 적용할 필요가 있다. 주택금융공사가 생명보험회사와 업무협약을 체결하여 단체계약으로 신용생명보험을 제공할 경우에는 규제의 적용을 제외하는 것이다.

대출

안갯속 금리
최적의 대출 전략은?

한국은행이 3년여의 통화 긴축을 마무리하고 기준금리를 0.25%포인트 내렸지만 통화 완화 효과에 대한 의문부호는 커지고 있다.

한국은행 금융통화위원회(금통위)는 2024년 10월 11일 열린 통화정책 방향 회의에서 3.50%인 기준금리를 3.25%로 0.25%포인트 낮췄다. 2021년 8월 0.25%포인트 인상 이후 이어진 통화 긴축 기조를 마무리하고 완화 시작을 알리는 3년 2개월 만의 '피벗(통화정책 전환)'이다. 금리인하 이력 자체로만 보면 2020년 5월 이후 4년 5개월 만에 처음이다.

하지만 중동 정세 불안을 비롯해 국내에서는 금융당국의 가계대출 관리 압박 등으로 인해 금리인하 시점은 명확하지 않은 상황이다. 오락가락하는 시장 전망 속에 주택담보대출 등 대출을 받으려는 금융소비자의 셈법이 복잡해지고 있다. 기준금리인하가 본격화하면 변동금리가 고정금리보다 유리하다는 관측이 나오지만, 금융당국이 가계부채 질적 구조 개선 작업의 하나로 은행권에 고정형을 늘리라고 주문하면서 차주의 혼란은 가중되고 있다. 현 시점에 나에게 맞는 최적의 대출 전략은 무엇일까.

금리인하 시기 불투명… 상환 시기 등 고려해 잘 따져야

주택담보대출(이하 주담대) 유형은 크게 변동형과 혼합형, 주기형으로 나뉜다. 변동형이 6개월마다 대출금리가 바뀌는 방식이라면 혼합형은 5년간 고정금리를 적용한 후 6개월 변동금리로 바뀌는 형태다. 주기형은 5년 주기

대출도, 투자도 안전이 제일이라면

로 고정금리가 갱신되는 방식이다. 여기서 혼합형과 주기형은 고정금리형 상품에 속한다.

통상 변동금리 대출은 6개월마다 금리가 바뀌기 때문에 은행들이 만기를 짧게 잡아 저금리로 자금을 조달해 고정금리 대출보다 금리가 낮은 게 일반적이다. 반면 고정금리 대출은 만기가 길어 장기 금리 리스크에 따른 가산금리가 적용되기 때문에 금리가 상대적으로 높다.

또한 다수 은행은 고정금리형 상품의 경우 혼합형과 주기형을 두고 혼합형 상품을 주로 취급해왔다. 차주도 금리 변동 위험은 있지만 금리 수준이 낮은 변동금리 대출을 선호하는 경향이 강했다. 실제 2023년 말 기준금리 유형별 비중은 변동형이 48.2%로 가장 많았고, 혼합형이 18.8%, 주기형이 10.1%로 뒤를 이었다.

하지만 최근 들어 주담대 상품 기류 변화가 감지되고 있다. 금융당국이 2024년부터는 순수 고정금리형 상품인 보금자리론과 주기형만 고정금리 주담대로 인정하겠다고 발표하면서부터다. 금융감독원은 소비자의 금리 변동 리스크를 줄이기 위해 변동형 비중을 낮추고 주기형 비중을 30%까지 맞추

라고 요청했고, 이에 맞춰 은행이 저금리의 주기형 상품을 적극적으로 취급하고 있다.

실제 NH농협은행과 하나은행이 2024년 들어 주기형 주담대를 취급하기 시작했고 신한은행은 현재 혼합형 대출을 없애고 주기형만 취급하는 등 주기형 주담대 비중을 높이기 위해 드라이브를 걸고 있다. 9월 19일 기준 주담대 변동금리는 연 4.56~6.67%이다. 고정금리(혼합형·주기형) 금리(연 3.61~6.01%)와 비교하면 금리 상·하단 모두 고정금리가 유리하다. 고정금리가 변동금리보다 낮은 '금리 역전 현상'이 이어지고 있는 것이다.

업계에서는 주기형 주담대 판매를 늘리기 위해 금리 조정이 불가피한 상황으로 보고 있다. 이에 따라 2024년 7월 기준 국내 은행들이 신규 취급한 주담대 중 고정금리 비중은 96.4%를 기록했다. 2023년 같은 기간에 비해 7.4%포인트나 확대된 수치다.

상황이 이렇자 금융소비자 입장에선 고민에 빠질 수밖에 없다. 통상 금리 인하 시기에는 변동형이 유리하지만 인하 시점은 여전히 불투명하고 정부가 고정금리 확대 정책을 내세우고 있다는 것이 변수로 작용한 것이다. 결국 본인 상황에 맞춰 상환 시기 등을 고려해 잘 따져 선택해야 한다.

불확실성 확대 시 장기고정·혼합형 유리

대다수의 전문가들은 현재는 고정금리 대출이 유리하지만 금리인하 속도에 따라 상황은 달라질 수 있다고 전망한다.

윤수민 NH농협은행 부동산전문위원은 "최근처럼 불확실성이 확대된다면 변동형보다 장기고정 또는 혼합형 선택이 유리하다"며 "특히 고정금리 대출은 코픽스(COFIX)보다 장기채권금리 영향을 많이 받는 만큼 대출 예정자는 한·미 채권 금리에 대한 모니터링이 필요하다"고 말했다.

고정형 대출일수록 스트레스 총부채원리금상환비율(DSR) 도입에 따른 주담대 한도 측면에서 유리하다는 점도 있다. 스트레스 DSR 단계별 적용 방침에 따라 주기형 대출은 변동형·혼합형 대출 취급 시보다 비교적 많은 한도가 허용된다.

남혁우 우리은행 자산관리컨설팅센터 부동산 연구원은 "현재 스트레스 DSR이 부분 시행 중인데 변동금리를 선택하면 상대적으로 큰 폭으로 대출한도가 줄어들 수 있다"면서 "대출한도가 중요한 차주의 경우 주기형 금리를 선택하는 것도 좋은 방법"이라고 했다.

차주의 대출 이용 기간과 대출금액도 충분히 고려해야 한다. 남혁우 연구원은 "대출 이용 기간이 짧고 금액이 많지 않다면 변동금리를, 반대라면 고정 또는 주기형 금리를 선택하는 것이 좋다"고 추천했다.

5대 은행 전문가의 대출금리 선택은

※ 가나다순

일정 기간 변동형 추천	스트레스 DSR 영향… 주기형 유리	금리 유형 유불리 크지 않아	불확실성 확대… 장기고정·혼합형 유리	3년간 이자 총액 고려해야
김지영 하나은행 서압구정골드클럽 PB부장	남혁우 우리은행 자산관리컨설팅센터 부동산 연구원	박채희 신한PWM 패밀리오피스 반포센터 PB팀장	윤수민 NH농협은행 부동산전문위원	정성진 KB국민은행 강남스타PB센터 부센터장

대출 비교 플랫폼 적극 이용

반면 김지영 하나은행 서압구정골드클럽 PB부장은 "미국 연방준비제도 (Fed·연준) 정책금리 결정에 따라 한국은행 금통위 기준금리, 국고채, 금융채 금리가 영향을 받는데, 현재 적용하고 있는 주기형과 혼합형은 고금리 고정 기간이 길어 금리인하 시작 시 반영이 어려울 수 있다"며 "일정 기간은 변동형 유형이 조금 더 유리하다"고 설명했다.

정성진 KB국민은행 강남스타PB센터 부센터장은 "현재 금융소비자가 처해 있는 각 개별 요인이 중요하지만 통상 중도상환수수료를 면제하는 3년이 도래했을 시기를 가정해 이자의 총액을 비교해보는 게 제일 정확할 수 있다"고 말했다.

박채희 신한PWM 패밀리오피스 반포센터 PB팀장은 "중도상환해약금 징수 시기가 3년인 점을 볼 때 금리 유형에 따른 유불리는 크지 않다"며 "다만 금리인하 속도가 빠르다면 변동형이 더 유리하다고 볼 수 있다"고 했다.

거시 정책상 금리 전망은 갈수록 불투명해짐에 따라 보수적 관점에서 금리 인식을 하고, 대출 비교 플랫폼을 활용하는 것도 방안이다. 윤수민 위원은 "신생아특례 등 정책금융상품 활용 가능 여부를 면밀하게 살피고, 금리 비교 플랫폼을 적극적으로 활용할 필요가 있다"고 설명했다.

박채희 팀장은 "최근 출시된 대출 이동 서비스도 출시 초반보다 감면 금리 폭이 줄어들고 있어 기존 대출이 5%가 안 된다면 갈아타기를 하더라도 금리인하 폭이 크지 않다"면서 "예상보다 느린 금리인하 속도와 잦은 정책 변화, 대출제비용(중도상환해약금, 채권 매입 비용, 인지세)을 고려할 때 섣불리 움직이지 말고 대출 비교 플랫폼에서 꼼꼼히 비교해보길 권한다"고 추천했다.

한편 당국 기조에 보조를 맞추는 은행들의 금리정책에 따라 금리 추이는 다르게 형성될 수도 있다. 은행권은 앞서 지난 2024년 7월과 8월, 총 22회에 걸쳐 가계대출 금리를 인상한 이후 9월부터 유주택자 대출 제한 등 여타 가계대출 규제정책까지 꺼내 들었지만 실질적인 감소 효과가 나타나지 않자 최근 들어 금리인상에 재차 나서고 있다.

국민은행은 10월 4일부터 주담대와 전세자금대출, 신용대출 등 가계대출 금리를 최대 0.25%포인트 올렸다. 신한은행도 주담대 금리를 0.10~0.20%포인트 올리고 전세자금대출 금리도 만기·보증기관에 따라 0.10~0.45%포인트 상향했다. 하나은행도 10월부터 전세자금대출 상품의 감면 금리를 최대 0.5%포인트 축소했다. 금리 감면 폭을 축소함으로써 실질적인 금리인상 조치를 단행한 것이다. 우리은행은 지난 10월 2일부터 아파트담보대출 금리를 최대 0.20%포인트 상향 조정했다.

가계대출 금리는 시장금리를 거슬러 오르기도 했다. 한국은행에 따르면 예금은행의 2024년 8월 가계대출 금리(신규 취급액 기준)는 연 4.08%로 7월 (4.06%)보다 0.02%포인트 높아졌다. 2024년 6월 이후 3개월 만의 상승 전환이다. 김민수 한은 금융통계팀장은 가계대출 금리 상승 배경에 대해 "은행채 5년물 금리 등 주요 지표금리가 하락했지만 가계대출이 급증하면서 은행들이 건전성 관리 등을 위해 가산금리를 올린 영향"이라고 설명했다.

예·적금

금리인하 전 막차,
고금리 예·적금을 찾아라

은행권 예·적금에 뭉칫돈이 몰리고 있다. 미국 연방준비제도(Fed)의 빅컷 (0.50%포인트 금리인하) 단행에 이어 한국은행이 기준금리를 0.25%포인트 인하하며 3년 2개월 만에 통화 긴축을 마무리하고 완화 기조로 돌아섬에 따라 이른바 '막차 수요'가 늘었기 때문으로 풀이된다.

"0.1%라도 더" 고금리 예·적금 몰린다

실제 은행 예금과 적금으로 시중 유동자금이 빠르게 유입되고 있다. KB 국민·신한·하나·우리·NH농협 등 5대 시중은행의 예·적금 잔액은 2024년 9월 말 기준 2,033조 670억 원으로 집계됐다. 전월 대비 6,540억 원 증가한 규모다.

이 중 정기예금 잔액은 930조 4,713억 원으로 4조 8,054억 원 늘었다. 정기 예금은 5월부터 증가세를 지속 중이다. 월별 증가폭은 5월 16조 8,242억 원, 6월 1조 4,462억 원, 7월 18조 1,879억 원, 8월 16조 3,256억 원 등이다. 2023 년 말과 비교하면 868조 7,369억 원에서 2024년 9월까지 61조 7,344억 원 증 가했다.

9월 정기적금 잔액은 38조 74억 원으로 집계됐다. 전월 대비 1조 2,157억 원 늘어난 규모다. 정기적금은 4월부터 매달 1조 원 이상의 증가세를 꾸준히 이어가고 있다. 월별 증가폭은 4월 1조 803억 원, 5월 1조 302억 원, 6월 1조 1,252억 원, 7월 1조 1,228억 원, 8월 1조 606억 원 등이다.

은행권 고금리 적금 상품

금융기관	상품	최대 금리
새마을금고	MG희망나눔 용용적금	12%
우리은행	데일리 워킹 적금	11%
KB국민은행	온 국민 건강적금·골든라이프	10%
웰컴저축은행	웰컴아이사랑 정기적금	10%
신한은행	청년 처음적금	8%
하나은행	하나 아이키움 적금	8%
BNK부산은행	아기천사적금	8%
NH농협은행	NH상생+아이행복적금	7%
OK저축은행	처음처럼오케이 청년정기예·적금	5%

특히 은행권에서는 10%대가 넘는 고금리 특판 적금도 선보이고 있어 눈길을 끈다.

우선 출산 장려 고금리 적금을 주목해볼 만하다. 새마을금고의 'MG희망나눔 용용적금'은 연 최고 금리 12%로 가입자 3만 명을 돌파했다. 이 상품은 2024년 용띠 출생자를 대상으로 하는 공익적 상품으로, 기본이율 연 6%, 우대이율 연 4%를 제공하며, 둘째면 우대이율 연 5%, 셋째 이상이면 연 6%, 인구감소지역은 자녀 수와 관계없이 연 6%의 우대이율을 제공한다. 특히 지난 '깡총적금'을 바탕으로 리뉴얼을 거치며 기존 최고 10% 금리에서 다자녀·인구감소지역 특별 우대금리(2% 범위 내)가 추가돼 저출생 극복을 위한 실질적 혜택의 폭도 한층 높였다는 평이다.

또한 하나은행은 2명 이상의 자녀를 양육하는(양육 예정인) 부모를 위한 '하나 아이키움 적금(금리 최고 연 8%)'을 선보였으며, 부산은행도 저출생에 초점을 맞춰 출산 우대금리 등 최대 연 8%의 금리를 제공하는 '아기천사적금'을 출시했다. NH농협은행도 최대 연 7%를 제공하는 'NH상생+아이행복

적금'을 내놨다

이 밖에도 우리은행은 우대 조건에 따라 최고 11%의 금리를 제공하는 '데일리 워킹 적금'을 판매 중이다. 다만 11%의 이자를 받기 위해선 마케팅 동의를 비롯해 만보기 서비스에 가입하고 매일 1만 보씩 걸어 은행 애플리케이션(앱)에서 성공 버튼을 눌러야 가능하다. KB국민은행의 '온 국민 건강적금-골든라이프'도 최고 10%의 고금리를 제공하지만 60세 이상만 가입할 수 있다. 신한은행은 청년층 고객 금융지원 강화를 위해 최고 금리를 연 8%로 상향한 특판 '청년 처음적금'을 10만 좌 한도로 판매 중이다. 국민은행도 10만 좌 한정으로 비대면 전용 상품인 'KB스타적금'을 판매하고 있다. 최고 금리는 연 8.0%다. 정기예금 중에서는 단리 방식, 1년 만기 조건으로 NH농협은행의 'NH고향사랑기부예금'이 최고 금리 3.80%를 제공하고 있다.

저축은행업계는 업황 악화로 수신 규모를 줄여나가는 상황이지만 일부 저축은행은 고금리 적금 특판상품으로 승부수를 던지고 있다. OK저축은행의 '처음처럼오케이 청년정기예·적금'은 최고 금리가 연 5%로, 만 20~34세 전용 예·적금 상품이다. 웰컴저축은행은 '웰컴 아이사랑 정기적금'을 리뉴얼해 출시했다. 가입 대상을 기존 10세 이하 자녀를 둔 부모에서 만 16세 이하 자녀나 그의 부모까지로 확대했으며 최고 금리도 연 4%에서 연 10%로 대폭 올렸다.

전문가가 추천하는 금리인하기 투자전략

구분	전략
대출	금리인하기 6개월·1년 변동형 선택해 추이 봐야
예·적금	안전자산 추구 시 금리가 낮더라도 장기로 가져가야
투자상품	고액 자산가라면 금 투자 병행하며 안전자산 비중 높여야 부동산 직접 투자보단 리츠에 투자해 자본 차익 노려야

금융권 관계자는 "은행의 단기 소액적금 고금리 상품은 대부분 우대금리를 받는 조건이 까다롭거나 납입 한도가 낮다는 점을 유의해야 한다"며 "지금 같은 시기엔 특판과 더불어 장기 적금을 동시 운용하는 것도 재테크 방법"이라고 설명했다.

자산가는 국고채·금 투자 병행… 안전자산 비중 높여

4대 주요 시중은행 프라이빗뱅커(PB)들은 주요 투자처로 채권시장과 금시장 등을 꼽았다. 특히 미국 채권시장에 대한 투자 매력이 떠오르고 있다며 대출과 예·적금은 금리인하기의 기본 전략인 '수신은 길게 여신은 짧게' 가야 한다고 조언했다.

김도아 우리은행 TCE시그니처센터 팀장은 "미국 채권은 국내 채권보다 상대적으로 금리가 더 높고 인하 사이클 시 하락 폭이 더 클 가능성이 크다"며 "국내 채권은 금리인하에 대한 기대감이 일정 부분 선반영됐고 절대금리 역시 미국보다 이례적으로 낮아서 미국 채권 비중을 더 높이길 추천한다"고 말했다. 정성진 KB국민은행 강남스타PB센터 부센터장 역시 "미 정책금리인하로 채권시장을 주목해야 할 것"이라고 했다.

국내 금융사도 이에 발맞춰 고객들이 손쉽게 미국 채권에 투자할 수 있도록 서비스를 내놓고 있다. 케이뱅크는 최근 한국투자증권과 제휴를 맺고 증권사 첫 제휴 투자상품으로 '미국 채권투자 서비스'를 출시했다. 케이뱅크를 통해 가입 가능한 미국 채권은 미국 정부에서 발행하는 채권(미국 국채)으로, 달러를 환전해서 구매해 이자수익을 받는 상품(이표채)이다. 최소 가입금액은 100달러(약 13만 3,000원)부터이며 투자 금액 제한은 없다.

고액 자산가라면 금 투자를 병행하며 안전자산의 비중을 높일 필요가 있다. 전문가들은 금값이 실질금리와 반비례하는 만큼 조정 국면을 맞이할 때마다 분할매수 전략으로 대응해야 한다고 조언한다. 역사상 최고점 수준까

지 도달한 금값이 금리인하기를 맞아 추가 상승할 가능성이 크기 때문이다.

김지영 하나은행 서압구정골드클럽 부장은 "고액 투자자라면 금 투자를 병행하면서 안전자산의 비중을 높일 필요가 있다"며 "이미 시장금리는 50bp~100bp(1bp=0.01%포인트) 금리인하를 선반영했기 때문에 중장기 금리는 이른 시일 안에 인하하지 않을 수 있다. 경기가 둔화하는 양상은 4분기 이후 지표에서 나타날 수 있어 금 투자를 병행할 필요가 있다"고 말했다.

김 부장은 "국채금리는 금리인하 가능성과 경기후퇴에 대한 시장 반응을 반영하기 때문에 금리 민감도에 따른 듀레이션(duration·현재 가치를 기준으로 채권에 투자한 원금을 회수하는 데 걸리는 시간)을 조절해 양방향에서 이익을 실현할 수 있다"고 추천했다.

국내 주식형펀드와 미국 인덱스펀드가 유망하다는 전망도 나온다. 정성진 부센터장은 "주식은 미국 쪽으로 하되 개별종목보다는 미국의 S&P500지수 또는 나스닥100지수를 추종하는 인덱스펀드를 추천한다"며 "일시에 많은 금액을 넣지 않고 적립식 또는 분할해서 매입 후 목표수익률에 도달하면 해지하고 다시 적립식 또는 분할해서 접근하는 보수적인 방법이 변동성 높은 현 시장에서 적합한 투자 방법"고이라 조언했다.

대출 전략과 관련 정 부센터장은 "안전자산을 추구한다면 금리가 좀 낮더라도 장기로 가져가고, 반대로 대출받는 상황이라면 금리인하 상황을 지켜보면서 단기로 가져가야 한다"고 말했다. 예를 들어 3년 고정금리로 대출을 받으면 금리인하기에 계속 고정된 금리를 유지해야 하기 때문에 당장 자금을 마련해야 할 상황이라면 지금 조금 높더라도 1년 변동금리라든지 6개월 변동금리로 대출 전략을 가져가야 한다는 것이다.

주식형펀드를 추천하는 의견도 있었다. 김대수 신한은행 WM추진부 ICC 팀장은 "그동안 섹터 위주 펀드가 유행이었다면 앞으로는 같은 섹터 안에서도 종목 간 성과 차이가 크다"며 "국내 반도체 투자도 반도체 ETF보다 SK 하이닉스 보유 비중을 높게 가져갔던 펀드가 실적이 더 좋았다. 앞으로는 기업에 대한 철저한 분석을 기반으로 액티브하게 주식을 운용하는 것이 필요하다"고 언급했다.

부동산 투자와 관련해선 현재 규제와 세금 관련 이슈를 고려할 때 리츠에 투자할 만하다는 의견이다. 김대수 팀장은 "금리인하기에 부동산 직접 투자는 현재 규제와 세금 부담 등 어려움이 있다"며 "이럴 땐 리츠에 투자하길 권한다. 금리인하에 따른 배당수익 증대와 주가 부진에 따른 가격 매리트도 있어 앞으로 주가 상승에 따른 자본 차익도 기대할 만하다"고 설명했다.

목돈 마련

리스크 없이 안전하게
목돈 마련하기 3대장

절대 안정형 투자자인 주부 '나안정' 씨(40)의 재테크 방법은 '한 푼도 잃지 않는 안정적인 투자'다. 돈을 불리고는 싶지만 주식은 어렵고, 위험할 것 같아 투자하기 겁이 난다. 직장인 '남눈치' 씨(32)는 최근 안전자산으로 자금이 쏠린다는 주변 이야기를 듣고 은행 적금 상품을 알아보기 시작했다. 주식시장도 경기가 좋지 않아 남아 있는 자금을 굴려서 재테크를 해야겠단 생각에서다. 남 씨는 "물가가 치솟아 나가는 돈은 많은데, 내 월급은 그대로인 상황"이라면서 "투자 리스크 없이 최대한 절약하는 '짠테크'를 알아보고 있다"고 했다.

불확실한 경제 상황이 지속되면서 '짠테크'에 뛰어드는 금융소비자들이 늘고 있다. 이들에게 있어 리스크 없이 안정적이면서도 수익도 나는 투자 방법은 무엇일까.

짠테크의 기본 풍차 돌리기

나 씨와 남 씨처럼 안정적인 투자를 지향하는 금융소비자들에게 빼놓을 수 없는 재테크 방법 중 하나가 바로 '예·적금 풍차 돌리기'다. 이는 안전하게 돈을 불리고 싶은 투자자들이 적금을 풍차 돌리듯이 매달 나눠서 가입하는 방법이다.

풍차 돌리기란 매월 1년짜리 적금 혹은 예금에 새롭게 가입해 목돈을 모으는 재테크 수단이다. 1년 뒤부터 매달 만기가 돌아오면 목돈을 다시 예·적금으로 불릴 수 있다. 요즘 같은 금리인하기에는 리스크를 줄이고, 금리인상기에는 인상 효과를 누릴 수 있다.

가령 매월 20만 원을 납입하는 1년짜리 적금을 든다고 가정하면 첫 달에는 20만 원, 두 번째 달에는 적금 하나를 추가해 월 납입 금액을 40만 원으로 늘리는 식이다. 이 같은 방법을 1년 동안 유지하면 1년이 된 시점에는 적금통장은 12개, 월 납입 금액은 240만 원이 된다. 이후 13개월 차부터 순차적으로 적금 만기가 돌아오면서 매달 원금 240만 원과 이자를 수령할 수 있다. 총 예치금 2,880만 원과 이자수익을 얻는 것이다.

풍차 돌리기 방식을 애용하는 고객들은 이자는 생활자금으로 사용하고 원금만 재예치하거나, 원리금을 모두 재예치해 이자에 이자가 붙는 복리 효과를 누리는 방법을 주로 쓴다. 특히 풍차 돌리기 적금은 사회초년생인 청년을 비롯해 주식, 가상자산 등과 맞지 않는 투자자들에게 부담이 없는 재테크로 꼽힌다. 적은 금액으로 누구나 쉽게 활용할 수 있으며, 적금 가입 시기를 분산해 목돈 전체를 해지하지 않아도 돼 유동성을 높인다는 장점이 있다. 계획한 금액에 맞춰 자산관리도 용이하다.

반면 매달 새로운 적금을 찾고 가입하는 과정에서 번거로움을 느끼는 고객에게는 적합하지 않다. 일반 적금의 경우 자동이체 한 번만 걸어놓으면 되지만 적금 풍차 돌리기 방식은 매달 새로운 상품에 가입해야 하므로 계획성을 갖춰야 한다.

고금리 파킹통장, 2금융권도 눈여겨봐야

최근 시중은행의 예금금리가 내리면서 조금이라도 높은 금리를 주는 상품에 대한 관심도 어느 때보다 뜨겁다. 시중은행의 파킹통장도 눈여겨볼 만하다.

SC제일은행의 'SC제일Hi통장'은 기본금리 0.10%를 포함해 최고 4% 금리를 제공한다. 우대 조건으로 SC제일은행 첫 거래 고객 3.4%포인트, SC제일은행 제휴 채널 신규 고객 0.1%포인트 등이 포함돼 있다. 별도의 가입 제한 조건이나 가입 대상 제한도 없다.

하나은행의 파킹통장 '달달하나통장'은 판매한도 30만 좌가 출시 5개월 만에 완판되면서 최근 20만 좌를 추가 판매하고 있다. 이 상품은 급여 이체 시 최대 연 3.0%의 금리(200만 원 한도)를 받을 수 있다. 급여 이체 첫 거래

주요 파킹통장 상품 현황

금융기관	상품명	이율
SC제일은행	SC제일Hi통장	최고 4%
하나은행	달달하나통장	최고 3%
신한은행	슈퍼SOL통장	최고 3%
OK저축은행	OK×토스플러스통장	최고 8%
OK저축은행	OK짠테크통장	최고 7%
애큐온저축은행	간편페이통장	최고 3.80%
IBK저축은행	IBKSB e-파킹통장	최고 연 3.2%

고객에게는 대출이자 캐시백 쿠폰과 커피·편의점·배달앱 쿠폰 등으로 구성된 생활 쿠폰도 제공한다. 신한은행의 '슈퍼SOL통장'은 300만 원 이하 금액에 대해 기본금리에 우대금리를 더해 최고 3.0%의 이자를 지급한다.

2금융권으로 시야를 넓혀보는 것도 방법이다. OK저축은행의 'OK×토스플러스통장'은 최고 연 8%의 이자를 받을 수 있다. 토스 앱을 통해 가입할 수 있으며 예치금액 30만 원까지 연 7.1%의 기본금리, 0.9%포인트의 우대금리가 적용된다. 'OK짠테크통장'은 예치금액 50만 원까지 최고 연 7.0% 이자를 받을 수 있다.

애큐온저축은행이 출시한 '간편페이통장'은 500만 원까지 우대금리를 포함해 최고 연 3.80%가 적용된다. 간편결제 거래 실적 10만 원 이상일 경우, 월 평균잔액이 30만 원 이상일 경우 우대금리를 받을 수 있다. IBK저축은행은 'IBKSB e-파킹통장'의 최고 금리를 연 3.2%로 인상했다. 금액 구간별로 1억 원 이하 3.2%, 1억 원 초과 3.0% 금리를 제공한다.

특색 있는 혜택을 주는 상품도 있다. 인터넷전문은행 케이뱅크는 입출금 거래 시 혜택을 주는 '입출금통장 3.0'을 선보였다. 입출금통장에서 거래를 할 때마다 즉시 현금(블루카드)이나 체크카드 캐시백 쿠폰(골드카드)이 담긴 리워드 카드를 받을 수 있다. 리워드 카드에는 최대 1,000원 현금이나 최대 1만 원 캐시백 쿠폰이 들어 있다.

연 9.5% 적금 효과, 혜택 늘린 청년도약계좌

청년층의 자산 형성을 돕기 위한 정책금융상품인 청년도약계좌도 주목할 만한 상품이다.

청년도약계좌는 월 70만 원씩 5년간 적립하면 5,000만 원을 모을 수 있도록 설계된 상품이다. 매달 일정 금액을 5년간 내면 만기에 '본인 저축액+정부 기여금+은행 이자'에 해당하는 금액을 함께 받을 수 있다. 납입 금액은 월 1,000원~70만 원 범위에서 자유롭게 선택할 수 있다. 계좌 개설일 기준 만 19~34세, 직전 과세 기간 개인소득 총급여 7,500만 원 이하 등 요건을 충족하면 가입할 수 있다.

연 소득 2,400만 원 이하면 최고 연 6% 금리를 제공한다. 소득이 2,400만 원을 초과하면 최고 연 5.5% 금리를 적용받을 수 있다. 총급여 6,000만 원(종합소득 4,800만 원) 이하면 정부가 기여금을 대준다. 은행 예·적금은 물론 채권, 배당주 등 다른 재테크 수단과 비교해도 금리가 높은 편이다.

연 소득별 청년도약계좌 만기 수령금액
출처: 금융위원회
단위: 만원

총급여	종합·사업소득	정부 기여금 한도	만기 수령금액
2400↓	1600↓	월 3.3	5,061
3600↓	2600↓	월 2.9	4,981
4800↓	3600↓	월 2.5	4,956
6000↓	4800↓	월 2.1	4,928

* 매월 70만 원(5년간 4,200만 원) 납입 기준

비과세 혜택도 있다. 청년도약계좌 가입자 모두에게 이자소득세 및 농어촌특별세 비과세가 적용된다.

향후 가입자가 만기 때 받을 수 있는 금액은 더 커질 예정이다. 금융위원회가 청년도약계좌의 월 최대 기여금을 현재 2만 4,000원에서 3만 3,000원으로 늘리기로 해서다. 총급여 2,400만 원(종합소득 1,600만 원) 이하 가입자가 월 70만 원씩 5년간 가입하면 4,200만 원을 납입해 만기 때 최대 5,061만 원을 가져갈 수 있다. 이는 연 9.54% 일반 적금에 가입한 것과 같다.

총급여 3,600만 원(종합소득 2,600만 원) 이하는 만기 때 최대 4,981만 원, 총급여 4,800만 원(종합소득 3,600만 원) 이하는 최대 4,956만 원을 받는다.

기여금을 늘리는 방안은 이르면 2024년 연말, 늦어도 2025년 시행될 예정이다. 아직 개편 전이지만 미리 가입해서 유지하는 게 좋다. 소득이 높아질수록 받을 수 있는 혜택이 줄어들기 때문이다.

주택을 생애 최초로 구매하는 등 특별한 사유가 있으면 중도에 해지해도 소정의 이자와 정부 기여금, 비과세 혜택 등을 받을 수 있다. 적금을 담보로 대출받는 것도 가능하다.

청년도약계좌에 가입하려면 매달 은행의 모바일 애플리케이션(앱)에서 신청하면 된다. 최고 금리는 12개 은행 모두 연 6%로 동일하지만 기본금리와 우대금리에 일부 차이가 있다. 은행연합회 소비자포털을 방문하면 은행별 우대금리 조건을 한눈에 확인할 수 있는 만큼 각자에게 유리한 은행을 선택하면 된다.

서민금융진흥원은 "대출 못지않게 저축상품도 개인의 상황과 목표에 맞춰 상품 혜택을 상세히 비교해보고 선택할 필요가 있다"며 "단기상품에 현혹되기보다 저축 시 실익을 따져보고 장기적인 저축 습관을 형성하는 것이 바람직하다"고 전했다.

PART
04

생활에서 취향까지,
일상 재테크

교통비 줄이고 혜택은 높이는 '패스'테크

저렴하지만 편하고 빠르게 원하는 목적지로 데려다주는 '서민의 발' 대중교통. 국토교통부(국토부)에 따르면 국민들은 일주일에 평균 9.74회 대중교통을 이용하며, 한 달 5만 159원의 교통 요금을 지불한다. 이를 1년으로 환산하면 약 60만 원, 가족구성원이 성인 4인이라면 연간 240만 원을 교통비로 부담해야 한다.

2024년 서민의 교통비 부담을 덜고, 대중교통 이용을 독려해 탄소 배출 감소를 꾀하는 각종 '패스' 사업이 적극적으로 펼쳐졌다. 정부와 서울시, 경기도까지 종류가 다양해 어떤 카드를 발급해야 할지 혼란스럽다면, 각 카드별 혜택을 꼼꼼하게 살펴볼 필요가 있다.

월 최대 60회, 일반 20% 환급, 전국 이용 K-패스

K-패스는 만 19세 이상 성인이 월 15회 이상 정기적으로 대중교통을 이용할 경우 교통비의 일정 비율만큼 다음 달에 돌려주는 구조다. K-패스는 단순 횟수 기준으로 교통비를 할인해주기 때문에 따로 위치를 기록할 필요가 없다. 국토부에 따르면 4월 24일부터 5월 7일까지 약 120만 명이 K-패스에 가입하거나 관련 카드를 발급했을 정도로 호응이 높다.

지하철, 시내버스, 마을버스, 지하철 신분당선, 수도권광역급행철도(GTX) 등에서 활용할 수 있는 K-패스를 이용하면 월 최대 60회 이용에 한해 이용 요금의 20~53%까지 환급받을 수 있다. 환급률은 이용자의 나이나

나에게 맞는 교통할인카드 찾기

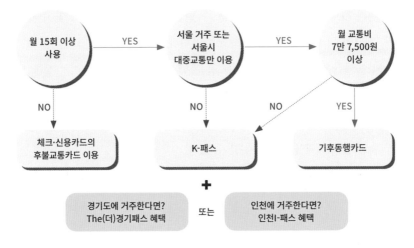

조건에 따라 달라지는데, 만 35세 이상 일반인의 경우 20%, 만 19~34세 청년은 30%, 저소득층 53%로 차등적이다.

예컨대 K-패스를 활용해 월 7만 원의 교통비를 지출한다고 가정할 경우 일반인은 1만 4,000원, 청년은 2만 1,000원, 저소득층은 3만 7,000원을 절감할 수 있다. 이를 연간으로 확대하면 최소 16만 8,000원에서 최대 44만 4,000원에 이르는 제법 큰 금액이다.

단, 월 교통비 20만 원까지는 전액을, 초과분에 대해선 절반만 환급률이 적용된다. 예를 들어 월 60회를 탑승해 요금 23만 원이 나왔다면, 20만 원까지는 환급률에 따라 정상적으로 환급되지만 나머지 3만 원에 대해서는 절반만 환급해준다. 지원 대상은 K-패스사업에 참여하는 지자체에 거주 중인 만 19세 이상의 주민(외국인도 가능)이어야 한다.

K-패스 혜택을 누리려면 먼저 관련 카드를 발급받아야 한다. K-패스 홈페이지에서는 발급 가능한 카드를 자세히 안내하고 있다. 현재 KB국민, 농협, BC(BC바로·광주은행·IBK기업은행·케이뱅크), 삼성, 신한, 우리, 하나,

현대, DGB유페이, 이동의즐거움(모바일이즐·카카오페이 모바일 교통카드) 등 여러 카드사에서 총 23개의 카드가 발급되고 있다. 신용카드 및 선불카드, 체크카드, 모바일카드로 유형도 다양하다.

카드 발급은 각 카드사 홈페이지를 통해 가능하며, 절차를 거쳐 실물 카드를 수령했다면 홈페이지에서 회원 가입을 한 뒤 카드 번호를 입력해야 한다. 한편 카드에 따라 연회비, 전월 실적 등의 조건을 달성하면 10% 대중교통 할인 등의 혜택을 추가로 누릴 수 있다.

교통비 환급은 매월 5일 기준으로 K-패스에서 카드사로 제공된다. 다만 카드사마다 지급일과 방식이 조금씩 다르므로 세심히 살펴보고 카드를 선택하는 것이 좋다. 카드 결제 대금에서 차감하거나 계좌로 입금해주기도 하고, 경우에 따라 계좌가 아닌 애플리케이션(앱) 내의 선물함 또는 쿠폰함 등에 환급액이 쌓이기도 한다.

K-패스는 지하철, 시내버스, 마을버스는 물론 지하철 신분당선, 수도권광역급행철도(GTX) 등의 대중교통을 고정적으로 이용하되 최소 15회 이상, 최대 60회라는 기준이 있으므로 이 범위 내에서 이용할 계획이 있는 시민에게 유리하다. 이때 횟수는 최초 승차와 최종 하차를 기준으로 하기 때문에 그 사이 여러 번 환승하더라도 1회로 인정된다.

경기도민과 인천시민은 무제한에 39세까지 30% 환급

The(더)경기패스와 인천I-패스는 K-패스의 확장 버전이다. 주소지가 경기나 인천인 경우 K-패스 가입과 동시에 바로 적용되기 때문이다. K-패스를 발급해 카드 번호를 등록할 경우 자동으로 주소지 검증 절차를 진행하는데, 이 과정에서 인천시민이나 경기도민임이 확인되면 별도의 절차 없이 자동으로 적용된다.

The경기패스와 인천I-패스가 K-패스와 가장 다른 점은 바로 혜택에 제한

생활에서 취향까지, 일상 재테크

이 없다는 것이다. K-패스가 월 최대 60회로 제한을 두는 것과 달리 두 패스는 횟수 제한 없이 환급이 가능하다. 또 K-패스가 만 35세 이상 일반인 20%, 만 19~34세 청년 30%로 연령별 환급률에 차등을 두는 상황에서 The경기패스와 인천I-패스는 청년의 범위를 19~39세로 더 확장해 수혜 대상을 늘렸다.

The경기패스의 경우 어린이 및 청소년은 할인이 아닌 연 최대 24만 원을 지원하지만 인천I-패스는 어린이와 청소년에게 연 최대 12만 원까지 지원한다. 일반 혜택을 받는 65세 이상 어르신에 대해서는 20%가 아닌 30% 할인을 제공하고 있다.

서울에서 41회 이상 이용한다면 기후동행카드

서울시가 2024년 1월 출시한 기후동행카드는 월 6만 2,000원(따릉이 제외) 혹은 6만 5,000원(따릉이 포함)을 사전 결제할 시 서울 지역 지하철, 김포골드라인, 서울시 면허 시내·마을버스, 따릉이 등을 무제한으로 이용할 수 있는 카드다.

하지만 지하철 신분당선, 서울 지역 외 지하철, 광역·공항버스, 타 지역 면허 버스 등은 이용에서 제외된다. 예컨대 종로3가에서 승차해 경기 지역인 인덕원에 하차할 경우 기후동행카드는 사용이 어렵고, 하차 역에서 역무원이 별도 요금을 징수한다.

다만 예외적으로 이용 범위 내 역에서 승차한 뒤 특정 역에서 하차하는 것은 허용된다. 예컨대 김포골드라인 전 구간(양촌~김포공항역), 진접선 전 구간(별내별가람~진접역), 지하철 5호선 하남 구간(미사~하남검단산역), 지하철 7호선 인천 구간(석남~까치울역)에서는 하차를 허용해준다.

기후동행카드는 모바일카드 및 실물카드로 발급할 수 있다. 모바일카드는 '모바일 티머니' 앱을 통해 회원 가입을 거쳐 기후동행카드를 발급할 수 있고, 실물카드는 지하철 1~8호선 서울교통공사 고객안전실 및 역사 인근 편의점을 직접 방문해 구입할 수 있다. 실물카드를 구입할 경우 카드 뒷면의 QR코드를 통해 직접 홈페이지 등록을 마쳐야 하며 향후 서울교통공사(지하철 1~8호선), 지하철 9호선, 우이신설선, 신림선 역사 내 무인 충전기에서 주기적으로 충전할 수 있다. 카드는 사용 개시일부터 30일간 이용할 수 있다.

대중교통비 지원 사업 비교
출처: 국토부, 서울시, 경기도, 인천시

	국토부 K-패스	The경기패스	인천 I-패스	서울시 기후동행카드
지원 기준	월 15회 이상 정기적 대중교통 이용자(카드 발급 및 회원가입 필요)			카드 구매자
지원 방식	사후 환급 방식			사전 결제 (따릉이 제외 월 6만 2,000원 따릉이 포함 월 6만 5,000원)
지원 대상	전 연령 (청년 19~34세)	전 연령 (청년 19~39세)		전 연령 (청년 19~34세)
이용 지역	전국			서울시
이용 수단	전철, 시내버스, 마을버스, 농어촌버스, 신분당선, 광역버스, GTX 등			서울 시내 전철, 버스, 따릉이(신분당선, 광역버스 제외)
지원 상한	월 60회	무제한		
지원 내용	• 일반 20%, 청년 30%, 저소득층 53% 환급	• 일반 20%, 청년 30%, 저소득층 53% 환급 • 18세 이하 어린이·청소년 연 24만 원 한도로 별도 지원	• 일반 20%, 청년 30%, 저소득층 53% 환급 • 65세 이상 30% 환급 • 18세 이하 어린이·청소년 연 12만 원 한도로 별도 지원 • 인천광역I-패스는 1회 8만 원 충전으로 30일간 인천시 광역버스 무제한 이용 가능(타 교통수단과 환승 불가)	• 서울 시내 전철, 버스 등 무제한 이용

K-패스가 이용 횟수에 따라 일정 금액을 환급하는 구조라면 기후동행카드는 정액제다. 월 6만 2,000~6만 5,000원을 한 번에 충전하면 명시된 교통수단을 무제한으로 이용할 수 있다. 각각의 장단점이 있기 때문에 이용 지역 및 빈도를 잘 따져보고 기후동행카드나 K-패스를 선택하면 된다.

한 달간 서울 지역 내에서 대중교통 이용량이 많은 사람이라면 기후동행카드가 유리하다. 서울시에서는 지하철을 한 달 41회 이상 이용할 경우 기후동행카드가 유리하다고 밝혔는데, 이 외에도 서울 지역에서 하루 2회 이상 대중교통을 이용한다면 고려해보는 것이 좋다. 다만 혜택이 수도권 지하철 및 버스에 집중돼 있기 때문에 이용 제외에 해당하는 경기 광역버스와 신분당선을 주로 이용한다면 K-패스가 더 나을 수 있다.

교통비 환급은 기본, 다양한 혜택을 더한 K-패스 신용카드

카드사별로 K-패스 혜택도 다양하다. IBK기업은행에서 출시한 K-패스(신용)는 연회비가 무려 2,000원(국내 전용)이다. 저렴한 연회비지만 혜택까지도 챙길 수 있다. 우선 K-패스와 별개로 대중교통과 일반교통(철도, 고속버스, 택시)을 포함해 최대 1만 5,000원까지 할인받을 수 있다. 이외에도 통신비, 식비, 영화, 놀이공원까지 할인이 가능하다. 카드 혜택을 이용하려면 전월 실적 20만 원이라는 조건이 있지만 아파트 관리비를 제외한 나머지 결제 건은 실적에 포함되기에 실적 부담도 적다.

NH농협카드의 K-패스카드(신용)는 버스, 지하철 등 대중교통뿐만 아니라 철도(KTX, SRT), 택시, 렌터카, 전기차 충전 요금까지 10% 할인이 가능하다. 이때 최대 통합 할인 한도는 최대 2만 원이다. 출장 등 장거리 이동이 잦은 사람에게 더욱 혜택이 크다. 교통비 이외에도 통신, 배달앱, 스포츠 분야에서도 5% 할인, 커피와 편의점까지 할인이 가능해 일상 혜택을 받을 수 있다.

티머니 Pay & GO 신한카드는 K-패스 전용 카드 중에서 가장 높은 할인율을 가지고 있다. K-패스 환급에 모바일티머니로 이용할 경우 교통비 30% 할인까지 더해진다. 티머니GO 앱을 사용해 버스(고속·시외), 따릉이, 킥보드, 택시를 이용한다면 20% 할인도 가능하다. 이외에도 백화점, 편의점, 통신비 그리고 커피숍까지 5% 할인받을 수 있어 교통비뿐만 아니라 일상에서도 할인받을 수 있다.

연회비 부담되면 K-패스 체크카드

교통카드용으로만 사용할 예정이라 연회비, 전월 실적이 부담스럽다면 체크카드를 이용하는 걸 추천한다.

NH농협카드의 K-패스카드(체크)는 버스, 지하철 10% 할인뿐만 아니라 철도(KTX, SRT), 택시, 렌터카, 전기차 충전 요금까지 5% 캐시백이 가능하다. 이때 통합 할인 한도는 전월 실적에 따라 3,000~5,000원이다. 이외에도 통신 요금, 커피숍, 편의점 분야에서 5% 캐시백이 가능하다.

하나카드의 K-패스 하나 체크카드는 대중교통(버스·지하철) 10% 할인 혜택을 제공한다. 만약 체크카드로 교통비 할인을 최대로 받고 싶다면 K-패스 하나 체크카드로 60만 원 이상 사용하는 걸 추천한다. 만약 전월 실적 60만 원이 아닌 30만 원만 채웠더라도 다이소, 올리브영, 그리고 커피(스타벅스, 커피빈) 할인은 그대로 받을 수 있다.

케이뱅크의 MY 체크카드는 대중교통 5만 원 이상 이용 시 3,000원 캐시백 혜택을 가지고 있다. 이때 전월 실적 30만 원이라는 조건이 붙지만, 철도 승차권, 교통카드 이용 금액 등의 결제 건이 아니라면 전월 실적에 포함되기 때문에 부담이 적은 편이다. 또 편의점부터 커피, 패션, 영화, 택시, OTT까지 대부분의 영역에서 캐시백 혜택을 제공한다

놀이가 된 재테크,
펀세이빙

금융권에 따르면 각계 유행을 선도하는 MZ세대는 일상생활 속에서의 재테크를 선호하는 경향을 보인다. 직장인 김 씨는 "남는 시간에 영어단어 하나 더 외우자고 했다면, 지금은 은행 애플리케이션(앱) 한 번 더 들어가서 우대금리 받자는 생각"이라며 "이제는 출퇴근 시간에 은행 앱에 들어가 출석 도장을 찍는 게 습관이 됐다. 경제 뉴스나 투자 소식도 자연스럽게 접하게 돼서 '돈 버는 습관'을 들일 수 있다"고 전했다.

펀세이빙 빠진 MZ '재테크도 가볍고 재밌게'

은행권에서는 카카오뱅크 등 인터넷전문은행이 펀세이빙(fun saving)을 선도하고 있다. 지난 2023년 10월 출시된 카카오뱅크의 '한달적금'은 출시 10개월 만인 2024년 8월 기준 누적 개설 계좌 수 700만 좌를 돌파했다.

한달적금은 31일간 하루에 한 번 100원부터 3만 원까지 1원 단위로 자유롭게 납입할 수 있는 적금 상품으로 최고 연 7% 금리를 제공한다. 적금을 납입할 때마다 카카오 캐릭터 '춘식이'가 31층 건물을 한 층씩 올라간다. 특히 31일 납입에 성공하면 춘식이를 31층 펜트하우스에서 만날 수 있다.

카카오뱅크 관계자는 "한달적금이 출시 11일 만에 누적 계좌 수 100만을 돌파하며 카카오뱅크 시그니처 상품으로 자리매김했다"며 "출시 1개월간 카카오뱅크를 찾은 신규 고객 수가 66% 늘어난 것으로 분석된다. 적금 만기에 대한 고객들의 흥미와 기대감을 높인 게 효과가 있었다"고 말했다.

펀세이빙(fun saving)이란?

가입 부담은 낮추고, 저축을 재미있게 할 수 있도록 설계된 금융상품. 만기가 짧고, 한 번에 납입할 수 있는 금액이 작은 것도 특징이다. 인기 캐릭터, 유명 웹툰 및 교육 콘텐츠 등과 제휴를 통해 10~30대 고객이 저축상품을 친근하게 느낄 수 있도록 설계된다. 카카오뱅크 '26주적금'이 대표적인 펀세이빙 상품이다. 일상 속에서 부담 없이 재테크를 할 수 있어 젊은 층에게 인기를 끌고 있다.

각 금융사 대표 펀세이빙 상품

카카오뱅크	26주적금, 한달적금, 카카오뱅크 저금통
토스뱅크	굴비적금, 자린고비 채팅방
국민은행	KB스타퀴즈왕적금
우리은행	N일 적금
국민카드	KB Pay 내 쿱(KB)니버스, 쓱쌓고적립

2024년 6월에는 '31'이라는 공통점이 있는 아이스크림 업체 배스킨라빈스와 제휴해 '한달적금 with 배스킨라빈스' 상품이 출시됐다. 출시 약 50시간 만에 계좌 수가 10만 좌를 돌파했다. 가입 고객 중 2030 고객이 전체의 47%로, MZ세대의 수요가 특히 높은 것으로 나타났다.

금융권 대표 펀세이빙 상품으로 자리 잡은 '26주적금'은 매주 1,000원, 2,000원, 3,000원, 5,000원, 1만 원을 선택해 26주간 납입하는 적금이다. 재테크가 익숙지 않은 사회초년생이 부담 없이 적금 만기에 도전하고 성공하는 경험을 제공한다. 출시된 지 5년이 지났지만 2023년에만 600만 계좌가 추가 개설돼 2024년 8월 기준 누적 2,000만 좌를 돌파했다. 업계 관계자는 "적금은 한 달 자동이체 금액을 설정한 후 방치하는 경우가 많았는데 26주적금은 카카오프렌즈 캐릭터가 스탬프로 찍혀서 고객들의 효용이 높아진 것 같다"고 분석했다.

"편의점 커피, 과소비인가요?" 같은 적금 드는 또래와 소비 습관 공유

'잔돈'을 똑똑하게 활용할 수 있도록 하는 카카오뱅크 저금통도 펀세이빙 상품으로 꼽힌다. 입출금통장의 잔돈을 최대 10만 원까지 자동으로 저축할 수 있어 일상 속 재테크를 실천할 수 있기 때문이다. 쌓인 금액에 따라 저금통 아이템이 달라져 아이템을 예상하는 재미도 있고, 비상금이 필요할 때는 '저금통 비우기' 기능을 통해 그간 모은 잔돈을 출금할 수 있다. 세븐일레븐, 오뚜기, 맥도날드, 농심, 메가박스, 하나투어 등 6개 제휴사와 서비스를 통해 고객들이 '브랜드저금통'으로도 사용할 수 있다.

토스뱅크는 펀세이빙에 소셜(social)을 접목했다. 토스뱅크 '굴비적금'은 고객이 입금할 때마다 천장에 매달려 있는 굴비가 밥상으로 조금씩 내려와서 저축의 성취감을 높이는 펀세이빙 상품이다.

여기서 재미있는 점은 굴비적금 가입자들이 '자린고비 채팅방'에서 금융 생활과 관련된 고민을 공유하고 투표도 할 수 있다는 것이다. 예컨대 "오늘이 21일인데 9만 원으로 남은 한 달을 버틸 수 있을까?", "최근 리셀러(되팔이) 재테크가 젊은 층에서 유행인데, 좋은 재테크인가?" 등 질문을 올리고, 의견을 교환한다.

토스뱅크에 따르면 2023년 6월부터 약 9개월간 자린고비 채팅방 이용 고객은 30만 명이다. 이 중 20대가 40.5%, 30대가 22.3%로 자린고비 채팅방 이용고객 10명 중 6명이 20~30대다. 이들은 "매일 편의점에서 원 플러스 원 커피를 마시는 것도 과소비인가"라는 소비 습관 개선 고민도 자유롭게 투표로 올린다. 이렇게 9개월간 올라온 고민이 3만 개에 달하고, 참여 투표 건수는 1,300만 건으로 알려졌다. MZ세대의 펀세이빙 관심이 그만큼 높다는 방증이다.

한국사와 적금의 콜라보? 매일 퀴즈만 잘 풀어도 4.5%포인트 우대금리

시중은행에서도 20~30대 고객들에게 재미와 성취감을 주는 펀세이빙 상품을 속속 내놨다. 가입 기간이 100일인 KB국민은행의 초단기적금 'KB스타 퀴즈왕적금'이 대표적이다.

KB스타퀴즈왕적금은 KB스타뱅킹 리브 넥스트존에서 '한국사 매일 퀴즈'에 매주 참여하면 최고 연 3%포인트 우대금리를 받을 수 있다. 또 매주 수요일 열리는 승급전에 참여하면 최고 1.5%포인트를 추가로 받을 수 있다. 무등급에서 정7품으로 올라가면 0.5%포인트를, 정5품으로 올라가면 1%포인트를 받는 방식이다.

친구에게 한국사 퀴즈를 함께 풀자고 공유하고 실제 적금까지 가입할 경우 최고 1.5%포인트가 제공된다. 퀴즈를 통한 승급이라는 흥미 요소에 더해서 수능, 한국사능력시험 등을 준비하는 10~20대에게 맞춘 교육 콘텐츠를 제공하는 펀세이빙 적금이다. 수능을 준비하는 학생들에게 '큰별쌤'으로 유명한 최태성 강사와 제휴를 통해 입소문과 양질의 콘텐츠까지 잡았다는 평가를 받고 있다.

매일 저축하면서 내 감정 기록, 웹툰 세계관 접목해 '저축 재미' 높여

우리은행에서는 네이버웹툰 인기 콘텐츠 〈유미의 세포들〉과 손잡은 펀세이빙 상품을 선보였다. 우리은행 'N일 적금'은 우리WON(원)뱅킹 전용 상품으로 〈유미의 세포들〉 세계관을 활용해 저축 관리 기능을 제공한다.

고객이 매일 일정 금액을 적립하면 주인공 유미의 감정을 의인화한 '감정 스탬프'가 감정 다이어리에 기록된다. 하루 최대 3만 원까지 적립할 수 있고, 가입 기간이 31일, 100일, 200일로 길지 않다. 가입 기간 절반 이상 금액을 납입하고, 가입 기간 4분의 3 이상 감정 다이어리를 채우면 최고 3%포인트

우대금리를 받을 수 있다.

우리은행 관계자는 "〈유미의 세포들〉 웹툰에 등장하는 캐릭터를 활용해 적금 관리에 새로운 경험과 재미를 제공하는 상품"이라며 "감정 스탬프를 적립하는 감정 다이어리가 저축에 동기부여가 되기를 바란다"고 말했다.

카드업계에서도 금융과 일상을 연결하는 종합금융플랫폼을 지향하며 '출석하면 적립' 혜택을 제공한다. KB국민카드 종합금융플랫폼 KB Pay에서는 '출석체크', '오늘의 퀴즈' 등 고객이 매일 접속해 포인트를 받을 수 있다. KB Pay로 결제한 고객들은 '쿱(KB)니버스', '쏙쌓고적립' 등의 일상적인 결제 리워드도 누릴 수 있다.

특히 국민카드는 트렌디(Trendy), 유익한(Informative), 실용적인(Practical)이라는 콘셉트로 MZ세대부터 시니어까지 즐길 수 있는 다양한 주제의 콘텐츠를 '슬기로운 생활 T.I.P'으로 제공한다. 문화예술, 여행 맛집 등 총 7개 세부 카테고리 중 원하는 카테고리들만 골라 볼 수 있는 구독 서비스도 있다.

이런 상품들은 매일 포인트를 받으면서 금융 정보도 확인할 수 있어 MZ세대에게 인기가 높다. 카드사에는 월간활성이용자수(MAU), 일간활성이용자수(DAU)를 늘리는 데 도움이 된다. KB Pay의 MAU는 지난 2022년 말 596

만 명에서 2023년 말 736만 명으로 증가한 후 2024년 6월 809만 명을 기록했다. 1년 6개월 만에 213만 명(36%) 증가한 것이다. 단기간 사용자 수 추이를 보여주는 DAU 또한 2022년 말 136만 명에서 2023년 말 172만 명으로 늘었고, 2024년 6월 174만 명으로 증가했다. 1년 6개월 새 38만 명(28%) 증가한 것이다.

한편 펀세이빙과 함께 가는 열쇳말은 '초단기'라는 것이다. 인터넷전문은행, 시중은행의 펀세이빙 상품은 부담 없는 저축을 지향하는 만큼 예·적금 만기가 대부분 6개월 이하다. 실제 4대 시중은행(KB국민·신한·하나·우리)의 2024년 상반기 6개월 이하 예금 잔액이 2조 원 이상 늘어난 것으로 집계됐다. 은행 전체 정기예금 중 만기 6개월 이하 예금이 차지하는 비중이 약 4분의 1 수준인 것으로 알려졌다. 은행들이 2023년 4월 1개월 만기 정기예금 상품을 출시한 지 약 1년 만에 잔액 10조 원을 돌파하는 등 초단기 예·적금에 대한 관심이 높아졌다는 분석이다.

금융권 관계자는 "이제는 금융사들이 DAU를 늘려 충성고객을 확보하려 한다"면서 "미래 핵심고객인 MZ세대 유입 효과가 크고, DAU에도 기여를 하는 펀세이빙 상품이 계속 늘어날 것"이라고 설명했다.

덕질 하면 돈이 된다, 팬심 금융

프로야구팀 기 아 타이거즈 팬인 윤재민 씨(가명)는 카카오뱅크에서 '최애적금' 통장을 만들어 '기아 사랑' 이란 이름을 붙였 다. '최애(최고로

애정한다는 뜻)' 팀인 기아가 이기면 5,000원, 김도영 선수가 홈런을 치면 1 만 원씩 적금을 넣었다고 한다. 기아는 2024년 정규 시즌 1위를 확정지었다. 국내 선수 최초로 정규 시즌 40홈런-40도루에 도전한 김도영은 기록엔 실패 했지만 38-40으로 시즌을 마무리했다. 윤 씨는 "좋아하는 팀, 좋아하는 선 수가 잘할 때마다 돈을 넣다 보니 재미있게 돈을 모을 수 있어 좋았다"고 말 했다.

스포츠 구단, 연예인 팬들의 마음을 사로잡기 위한 금융 상품들이 봇물 터지듯 출시되고 있다. '덕질(연예인 등을 좋아하는 행위)'을 하면서 우대금 리 등 혜택을 받을 수 있는 상품들로 젊은 층뿐만 아니라 중장년층까지 다 양한 연령대의 팬들에게 인기를 끄는 모양새다. 예·적금부터 체크카드, 보 험까지 상품 종류도 다양해지고 있다.

카카오뱅크가 2023년 4월 출시한 최애적금은 자신만의 규칙을 정해 저금을 하는 '기록 통장' 서비스다. 예를 들어 좋아하는 가수가 사회관계망서비스(SNS)에 사진을 올리면 5,000원, 예능 프로그램에 출연하면 1만 원을 저금하는 식이다. 출시 당시 사전 신청 열흘 만에 40만 명이 몰렸고, 출시 하루 만에 고객 7만 명을 끌어모았다. 출시 후 한 달간 트위터에서 최애적금 언급량은 1만 건을 돌파했다. 온라인 재테크 카페 등에는 아이돌팬, 야구팬의 최애적금 인증샷이 적지 않게 올라와 있다.

그뿐만 아니다. 직장인 이모씨는 기록 통장을 개설한 뒤 화가 날 때마다 '분노의 입금'을 한다. 예컨대 상사가 '열받게 했을 때' 통장에 입금을 하면서 메모란에 욕설도 살짝 곁들여 스트레스를 풀고 돈도 모은다는 것이다.

카카오뱅크 관계자는 "기록 통장의 입금 규칙을 분석한 결과 인스타, 버블, 라방(라이브 방송) 등 아이돌 팬덤과 관련한 키워드가 많았다"며 "이외

팬심 노린 금융상품들
출처: 각사 취합

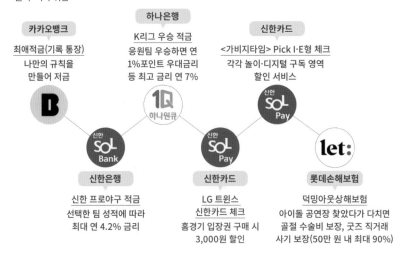

에도 운동, 공부 등 개인적인 목표를 달성하거나, 분노 등의 감정을 느낄 때마다 입금하는 등 고객들이 다양한 용도로 활용하고 있다"고 설명했다.

최애적금은 '적금'으로 불리지만 기록 통장이란 명칭에서 보듯 진짜 적금은 아니다. 그렇기에 적금과 달리 언제든 자유롭게 출금이 가능하며 해지하지 않는 이상 만기가 없다. 최애적금 통장은 한 사람당 10개까지 만들 수 있다. 내가 만든 '모으기 규칙'을 친구에게 공유할 수도 있다. 카카오뱅크에 따르면 현재 최애적금 이용 고객의 절반가량(48.4%)은 20대다. 30대는 26.5%, 40대는 18.2%였고 50대 이상도 6.9%나 됐다.

토스뱅크 역시 2023년 아이돌을 응원하며 저금할 수 있는 '같이 덕질하기 서비스'를 선보였다. 팬들이 자신이 좋아하는 아이돌을 선택해 일종의 통장인 '모으기 공간'을 만들고, 팬들이 그 공간에 저금한 액수를 더한 총금액으로 순위를 매긴다. 서비스에 들어가면 아이돌 순위와 총금액이 50위까지 쭉 나열되니 아이돌 팬덤 간 경쟁 요소가 됐다.

신한은행의 '신한 프로야구 적금'도 야구팬들을 위한 상품이다. 이 상품의 기본 금리는 연 2.5%지만, 응원 팀 성적에 따라 최대 연 4.2% 금리를 받을 수 있다. 한국시리즈에서 우승을 하면 1%포인트, 포스트시즌에 진출하면 0.8%포인트를 주는 식이다. 10개 구단 중 원하는 구단을 골라 가입해 월 최대 50만 원까지 저축할 수 있다. 신한은행은 2018년부터 KBO 공식 스폰서를 맡고 있다. 신한카드는 LG트윈스와 손잡고 'LG트윈스 신한카드 체크'를 발급 중이다. 이 카드로 LG트윈스 정규 리그 홈경기 입장권을 구매하면 3,000원을 할인해준다. 구단 홈페이지, 티켓링크 사이트, 현장 매표소 등에서 구매한 티켓에 한해 일 1회, 월 2회까지 할인이 가능하다. 또 LG트윈스 홈경기장 내 구단 공식 매장에서 판매하는 용품을 구매할 경우 최대 10% 마이신한포인트를 적립해준다.

축구팬을 위한 상품도 있다. 하나은행의 'K리그 우승 적금' 상품은 가입

시 고객이 선택한 K리그 응원팀으로 상품명이 정해진다. 기본 금리는 연 2%다. 응원팀이 우승하면 연 1%포인트의 우대금리가 적용되는 등 우대금리 조건을 충족하면 최고 연 7%까지 받을 수 있다. 2024년에는 9월까지 가입이 가능했고, 2025년 K리그 시즌 개막과 함께 새롭게 상품이 판매될 예정이다. 하나은행은 2024년 3월 프로축구팀 대전 하나시티즌을 응원하는 팬들을 겨냥해 '대전하나 축구사랑 적금' 상품도 내놨다. 기본 금리 연 2%에 하나카드 결제 실적 등을 우대금리 항목에 넣어 최대 연 4.5% 금리를 준다. 원하면 이자로 대전 하나시티즌을 후원하는 것도 가능하다.

아이돌 공연 가서 다처도 보상

웹툰도 예외가 아니다. 신한카드는 2024년 4월 네이버웹툰과 연계해 웹툰 〈가비지타임〉의 캐릭터가 그려진 '신한 픽(Pick) E 캐릭터형 체크', '신한 Pick I 캐릭터형 체크' 2종을 출시하며 팬심을 자극했다. 〈가비지타임〉은 전국 최약체로 꼽히는 지상고등학교 농구부에 새로운 감독이 부임하면서 일어나는 에피소드를 담은 농구 웹툰으로, 누적 조회수가 2억 8,000만 회를 넘는 등 큰 인기를 얻은 바 있다. 요즘 유행하는 MBTI(성격 유형 검사)도 활용했다. 외향형을 뜻하는 E형은 볼링장·테니스장·스키장 등 놀이 영역에서, 내향형인 I형은 음악·OTT·도서 등 디지털 구독 영역에서 할인 혜택을 제공한다.

최근엔 은행뿐 아니라 보험사에서도 팬심을 마케팅에 활용한 상품이 등장했다. 롯데손해보험이 2024년 6월 출시한 '덕밍아웃상해보험'이 대표적이다. 이 상품은 사람이 몰리는 아이돌·트로트 가수의 공연을 찾았다가 다치는 경우 골

신한카드가 네이버웹툰과 연계해 출시한 웹툰 〈가비지타임〉 카드
출처: 신한카드

절 수술비나 깁스 치료비 등을 보장한다. 콘서트 티켓이나 포토카드 등 굿즈 직거래를 하다 사기를 당했다면 최대 50만 원 내에서 피해 금액의 90%를 보상해준다. 보험료는 1일 가입 시 1,000원이며 가입도 14세부터 70세까지 가능하다. 롯데손해보험 관계자는 "아이돌 팬층이 다양하기 때문에 MZ세대뿐만 아니라 중장년 고객까지 겨냥할 수 있을 것으로 기대한다"고 했다.

충성 고객 확보 효과… "Z세대 잡아라"

이런 상품은 은행, 보험사 등 금융사 입장에서도 충성도 높은 고객을 확보할 수 있다는 장점이 있다. 잘 떠나지 않기 때문이다. 일각에선 연예인이나 운동선수 등 좋아하는 스타의 음악 CD나 유니폼 등을 소비하던 팬 문화가 금융상품 영역까지 확장됐다는 분석도 나온다.

특히 은행 입장에선 미래의 고객인 Z세대를 잡는 효과도 볼 수 있다. Z세대는 역사상 가장 '부유'한 청년 세대로 평가받고 있다. 덕질하는 금융상품이 유행하는 것 자체가 재미와 의미를 동시에 추구하는 Z세대(90년대 중반에서 2000년대 초반에 태어난 세대) 특성이 반영된 결과다. KB금융지주 경영연구소는 최근 보고서에서 "한국 Z세대는 약 597만 명으로 전체 인구의 11.9%"라며 "향후 경제활동 참여가 늘어나고 구매력이 막강해질 것으로 예상돼 미래 잠재고객으로 가치가 크다"고 분석했다.

이처럼 Z세대는 은행들 입장에서 놓쳐서는 안 되는 고객이다. 글로벌 금융사들의 경우 이미 향후 강력한 소비 주체로 부상할 Z세대 공략에 본격적으로 나서고 있다. 미국의 주식거래 플랫폼 로빈후드는 경제활동을 시작한 Z세대를 타깃으로 3% 연금 매칭 지원금(골드 회원이 IRA에 입금 시 로빈후드가 입금 금액의 3%를 매칭해 적립), 1% 예금 부스트(골드 회원 가입·유지 시 입금액의 1%를 2년간 매월 분할 지급) 등 유료 회원 서비스 혜택을 강화하고 있다. 주식 중개에서 은퇴·자산관리로 서비스를 확장한 것이다.

글로벌 프리미엄 카드 브랜드 아메리칸 익스프레스(아멕스)는 Z세대를 겨냥해 플래티넘 카드의 부가 혜택으로 인기 레스토랑의 단독 혜택을 제공하는 '글로벌 다이닝 액세스' 서비스를 추가했다. JP모건체이스는 신용 한도가 낮은 Z세대를 대상으로 직불카드 결제 금액을 4번에 걸쳐 분할 상환할 수 있는 선구매 후결제(BNPL) 서비스를 출시했다.

은행 광고모델 '별들의 전쟁'

국내 은행들이 광고모델에 연예인, 운동선수 등 대세 스타들을 줄줄이 영입하고 있는 것도 큰 맥락은 같다. 고객 신뢰를 키우면서 20대 젊은 고객층도 공략하겠다는 것이다.

하나금융은 새 광고모델로 트로트 가수 임영웅을 2024년 3월 발탁했다. 10대부터 노년층까지 전 세대를 아우르는 팬층을 가진 임영웅을 모델로 데려오면서 단숨에 금융권의 이목을 끌었다. 이미 하나금융은 축구선수 손흥민도 광고모델로 내세워왔는데 임영웅까지 영입한 것이다. 미국에선 팝가수 테일러 스위프트가 공연한 지역의 경제가 살아나는 현상을 '스위프트노믹스'라 부르는데, 국내에선 '히어로노믹스'란 신조어가 나올 정도로 임영웅 경제 효과를 무시할 수 없다.

우리금융은 지난 2022년부터 가수 아이유를 모델로 내세우고 있고, '피겨 퀸' 김연아는 2006년부터 KB금융 광고모델로 활동 중이다. 아이유는 우리은행과 우리카드의 실제 고객으로도 알려져 있다. 드라마 〈이상한 변호사 우영우〉를 통해 스타 반열에 오른 배우 박은빈도 KB금융 모델로 영입된 바 있다. 신한은행은 '슈퍼SOL' 애플리케이션(앱)을 출시하면서 뉴진스와 1년 광고 계약을 맺기도 했다. NH농협은행도 2024년 7월 tvN 드라마 〈선재 업고 튀어〉를 통해 신드롬급 인기를 누린 배우 변우석을 광고모델로 발탁했다. 그야말로 '별들의 전쟁'이라는 반응이 나올 만하다.

안 쓰면 손해인 여행 치트키, 트래블카드

2024년 카드 상품 중 가장 뜨거웠던 상품은 바로 무료 환전 기능을 탑재한 해외여행 특화 체크카드(트래블카드)다. 해외여행의 기본 중의 기본은 바로 '환전'. 이에 코로나19 펜데믹 이후 폭발적으로 늘어난 해외여행 수요를 노리고 은행과 카드사에서 경쟁적으로 무료 환전 등 각종 혜택을 담은 트래블카드를 쏟아냈다.

해외여행 하루 전인데 트래블카드 없다면

먼저 설레는 여행을 준비하며 출발하기 전에 준비해야 하는 상황을 살펴보자. 여행지를 고르고 항공권과 숙소를 예약했다면 본격적인 준비를 할 차례다. 우선 여행지에서 먹고 마시고 노는 데 쓸 돈을 환전해야 한다. 가장 먼저 신경을 쓰는 부분은 환전수수료다. 여행 가서 쓸 돈도 아까운데 환전했다는 이유로 많은 돈을 쓰고 싶지 않기 때문이다.

현재 주요 은행과 카드사에서 출시한 대부분의 트래블카드는 환전수수료 우대 100%를 내걸고 있다. 이는 환전수수료가 무료라는 뜻이다. 그래서 어떤 카드를 쓰더라도 환전수수료 걱정을 할 필요는 없다. 다만 어떤 나라로 여행을 가는지에 따라 쓸 수 없는 카드가 있을 수도 있다. 카드별로 환전할 수 있는 통화의 종류가 다르기 때문이다.

환전 통화 종류가 가장 많은 카드는 하나카드의 '트래블로그'로, 58종 환전이 가능해 다른 트래블카드보다 많다. 신한카드의 'SOL(쏠)트래블'도 현재 42종, 국민카드의 '트래블러스'도 56종이다. 우리카드의 '위비트래블'은 30종, 토스뱅크의 외화통장은 17종을 지원하고 있다. 다만 특별한 여행지가 아닌 일반적인 여행지로 여행을 떠난다면 대부분의 트래블카드가 환전수수료 무료 혜택을 제공한다고 볼 수 있다.

오히려 출국을 앞두고 트래블카드를 고민하는 여행객이 더 신경 써야 할 부분은 출국까지 남은 기간이다. 실물카드 발급 전에 출국한다면 환전 서비스를 받을 수 없기 때문이다. 트래블카드는 신청 후 카드 발급까지 최소 5~7일이 걸린다. 만일 여행이 하루 앞으로 다가왔는데 트래블카드를 준비하지 못했다면 낭패를 볼 수도 있는 셈이다. 그럴 땐 하나은행 전 영업점에서 즉시 발급이 가능한 트래블로그가 대안이 될 수 있다.

여행 준비를 마치고 공항에 도착했다. 비행기 출발 시간이 아직 여유 있게 남았다면 공항 면세점을 구경할 수도 있지만 공항 라운지에서 쉬고 싶을 수도 있다. 실제로 신용카드 플랫폼인 카드고릴라가 '해외여행 시 가장 유용했던 카드 혜택'에 대해 설문조사한 결과 1위가 42.8%를 차지한 공항 라운지 무료 입장이었다. 이에 트래블카드 중에서도 공항 라운지 서비스를 무료로 이용할 수 있는 카드가 있다. SOL트래블과 위비트래블이다. 이 두 카드는 전 세계 1,200여 개 공항 라운지를 연 2회 무료로 이용할 수 있다.

해외여행 중에 환전한 돈이 갑자기 부족하면

비행기를 타고 해외여행지에 도착했다. 이제부턴 환전한 돈을 잘 활용하는 게 중요하다. 이 단계에서 여행객들이 고민하는 부분은 결제하려고 했을 때 환전한 돈이 부족해 결제되지 않는 경우다. 만일 환전액 부족으로 결제가 거부됐는데, 인터넷 상황도 좋지 않아 재충전까지 할 수 없다면 곤란한 상황에 놓을 수도 있다.

이런 상황에서 가장 필요한 서비스는 부족 금액 자동 환전 서비스다. 자

해외여행 단계별 챙겨야 할 트래블카드 혜택

해외여행 단계		트래블카드 혜택
출발 전	환전 통화 종류	트래블로그(하나카드) 58종 > 트래블러스(KB국민카드) 56종 > SOL트래블(신한카드) 42종 > 위비트래블(우리카드) 30종
	카드 발급 소요 기간	트래블로그 당일 발급 가능: 하나은행 전 영업점 당일 발급 > 타사 트래블카드: 5~7일
	신 계좌 개설 여부	트래블월렛·트래블로그: 타행 계좌 연결 가능해 필요 없음 > 타사 트래블카드: 계좌 필요
	공항 라운지 서비스	SOL트래블·위비트래블: 전 세계 1,200여 개 공항 라운지 연 2회 무료
진행 중	부족 금액 자동 환전 서비스	SOL트래블, 트래블러스, 트래블로그, 토스 외화통장
	해외여행 관련 혜택	SOL트래블: 일본3대 편의점 5% 할인, 미국 스타벅스 5% 할인 등 위비트래블: 월 3만 원 한도 캐시백
마친 후	재환전수수료	토스뱅크 외화통장: 무료 > 트래블러스: 1% > SOL트래블·위비트래블: 우대 수수료율 50% > 트래블로그: 환율 우대 없이 재환전수수료 1%
	외화 송금 서비스	트래블로그: 상대방 휴대전화 번호로 외화 무료 송금
	국내 결제 혜택	트래블러스: 국내 여행 시 카페·빵집·철도 등 월 합산 최대 2만 원 할인 혜택 위비트래블: 월 최대 3만 원 캐시백 국내 결제에도 적용

동 환전은 환전한 금액보다 결제한 금액이 많으면 연동한 계좌에서 자동으로 환전해 결제할 수 있게 하는 서비스다. 현재 이 서비스는 SOL트래블, 트래블러스, 트래블로그, 토스 외화통장에서 활용할 수 있다.

해외여행 중엔 갑자기 현금이 필요한 경우도 많다. 해외 ATM 출금수수료도 현재 출시된 모든 카드가 면제해주고 있다. 다만 ATM 자체 수수료가 발생하는 경우가 생길 순 있다.

카드별로 해외여행 중 누릴 수 있는 다양한 혜택도 있다. SOL트래블은 일본 3대 편의점 5% 할인, 미국 스타벅스 5% 할인 등 혜택을 제공하고, 위비트래블로 월 3만 원 한도의 캐시백을 받을 수도 있다.

태국과 싱가포르, 대만, 괌, 라오스 등 아시아 지역으로 여행을 계획 중이라면 해외 결제 서비스인 'GLN 서비스'를 고려할 만하다. QR코드로 결제할 수 있는 서비스로, 은행 계좌에 연결해 외화를 충전한 후 결제하는 방식이다. 카드 결제수수료보다 저렴하고 환전수수료도 미 달러화 환산 기준 0.3%다. 재환전할 때는 수수료가 붙지 않는다. 하루 최대 200만 원, 1회 최대 100만 원까지 결제할 수 있다. GLN 서비스는 KB국민은행, 하나은행, 토스뱅크 애플리케이션(앱)에서 이용할 수 있다.

여행 다녀오고 재환전에도 돈 쓰고 싶지 않다면

여행을 무사히 마치고 돌아왔다면 쓰고 남은 돈을 재환전해야 한다. 만일 여행에서 돈을 많이 쓸 거라 예상하고 환전을 많이 했다면 재환전은 무료가 아닐 수 있다는 점을 명심해야 한다. 카드별로 재환전수수료 혜택이 다르기 때문이다.

현재 재환전수수료도 무료로 제공하는 트래블카드는 토스뱅크 외화통장뿐이다. 트래블러스는 우선 2024년 연말까지만 재환전수수료를 받지 않는다. 트래블로그는 1%의 재환전수수료가 발생하고, SOL트래블과 위비트래블은 재환전 시 50%의 환율 우대를 하고 있다.

아니면 외화 무료 송금 서비스로 해외여행 갈 친구나 지인에게 송금하는 방법도 있다. 트래블로그는 회원끼리 상대방 휴대폰 번호만 알고 있으면 외화 무료 송금이 가능하다. 보유한 외화 하나머니 내에서 송금할 금액을 입력하면 끝이다. 어려운 정보 입력 필요 없이 바로 외화를 주고받을 수 있다.

트래블카드는 해외여행을 다녀온 후 방치되는 경우도 많다. 이에 일부 카드들은 해외여행뿐 아니라 국내 여행에 대한 혜택도 제공하며 활용도를 높였다. 트래블러스는 국내 여행 때도 카페, 빵집, 철도 등 월 합산 최대 2만 원 혜택을 받을 수 있다. 위비트래블의 캐시백은 국내에서 사용할 때도 받을 수 있다.

트래블카드를 이용하기 위해 은행 계좌를 새로 만들고 싶지 않다면 트래블월렛의 '트래블페이 체크카드'도 선택지다. 은행 계좌와 연동해 사용하는 기존 환전 체크카드와 달리 연동 은행에 제한이 없고 환전 통화도 45종이다. 일일 결제 한도가 없는 대신 각종 수수료 면제는 달러, 엔, 유로 등 주요 통화만 가능하며 재환전수수료는 1%, 외화 보유 한도는 300만 원이다.

국내 사용 생각한다면 트래블 신용카드도 합리적

체크카드 대신 신용카드를 사용할 수도 있다. 연회비 부담이 존재하지만 해외뿐 아니라 국내에서도 카드를 활용해 각종 소비를 할 계획이 있다면 신용카드를 사용하는 것이 합리적일 수 있다.

신한카드는 'SOL트래블 신용카드'를 2024년 7월 새롭게 출시했다. 연회비는 2만 7,000~3만 원으로 해외 이용 금액의 0.5% 마이신한포인트 적립, 국내 이용 금액은 기본 0.5% 마이신한포인트 적립에 여행·교통·쇼핑·맛집·운동 영역 추가 1.5% 마이신한포인트 적립 혜택 등이 주어진다. KB국민카드가 선보인 '위시 트래블카드' 역시 연회비 2만 5,000원에 온라인 쇼핑·패션·커

트래블 신용카드 혜택 모아 보기

브랜드	혜택
SOL트래블 신용카드(신한카드)	해외 이용 금액 0.5% 마이신한포인트 적립, 국내 이용 금액 기본 0.5% 마이신한포인트 적립 등
위시 트래블카드 (KB국민카드)	온라인 쇼핑·패션·커피·편의점·영화관 등 영역 KB Pay 결제 시 10% 할인 등
트래블로그 신용(하나카드)	국내외 전 가맹점 결제 시 하나머니 1% 무제한 적립, 항공 등 여행 관련 가맹점 결제 시 3% 적립(월 최대 5만 하나머니) 혜택 등
바로 에어 플러스 스카이패스·아시아나 카드(BC카드)	결제 금액 1,000원당 대한항공 1마일리지 또는 아시아나클럽 1.3마일리지 기본 적립, 결제액 100만 원 이상 추가 시 대한항공 200마일리지, 아시아나클럽 300마일리지 적립
트립 투 로카 (롯데카드)	전월 실적 30만 원 이상 시 해외 가맹점은 2%, 국내 가맹점 1.2% 할인 한도 없이 제공
삼성 ID GLOBAL 카드(삼성카드)	전월 실적 조건 없이 해외 결제수수료 1.2%, 해외 결제액 기본 2% 할인, 공항 라운지 연 2회 무료 이용
the Green Edition 2(현대카드)	해외 결제액의 5% 포인트로 적립, 항공사·여행사·호텔·면세점 등 여행업종 결제액 5% 적립

피·편의점·영화관 등 영역에서 KB Pay(페이)로 결제 시 10% 할인을 제공하는 등 혜택이 있다. 하나 트래블로그 신용카드도 연회비 2만 원에 국내외 전 가맹점 결제 시 하나머니 1% 무제한 적립과 항공 등 여행 관련 가맹점 결제 시 3% 적립(월 최대 5만 하나머니) 혜택 등을 제공한다.

해외여행을 하면서 필요한 혜택을 담은 카드도 있다. BC카드의 '바로 에어 플러스 스카이패스·아시아나 카드'는 결제 금액 1,000원당 대한항공 1마일리지 또는 아시아나클럽 1.3마일리지를 기본 적립해준다. 결제액이 100만 원 이상이면 추가로 대한항공 200마일리지, 아시아나클럽 300마일리지가 적립돼 비행기를 자주 타는 소비자에게 적합하다.

롯데카드의 '트립 투 로카' 카드는 전월 실적 30만 원 이상 시 해외 가맹점에서 2%, 국내 가맹점에서 1.2% 할인을 한도 없이 제공한다. 삼성카드의 '삼성 ID GLOBAL(아이디 글로벌)카드'는 전월 실적 조건 없이 해외 결제수수료 1.2%, 해외 결제액 기본 2% 할인뿐 아니라 공항 라운지 연 2회 무료 이용 등 해외여행 특화 서비스를 제공한다. 현대카드의 'the Green Edition(더 그린 에디션) 2 카드'도 해외 결제액의 5%를 포인트로 적립해준다. 여기에 항공사·여행사·호텔·면세점 등 여행 업종 결제액도 5% 적립된다.

환테크에 활용할 수 있는 서비스는

무료 환전 서비스를 활용해 환테크에 이용할 수도 있다. 환테크의 장점은 분산투자라는 점을 꼽을 수 있다. 우리나라의 원화 자산 외에 다른 추가 통화를 보유하는 것이기 때문에 위험을 분산할 수 있다. 특히 달러의 경우 대표적인 안전자산으로 꼽히기 때문에 경제가 어려울수록 선호되는 자산이기도 하다. 다만 환테크 자체가 환율 변동성을 이용하는 것이니만큼 환율 변동성이 클 때는 불확실성도 커진다.

트래블카드 중 SOL트래블은 카드를 발급할 때 함께 만든 외화계좌에 달러나 유로를 보유 중이면 달러는 연 최대 2%, 유로는 1.5% 이자를 지급받을 수 있다. 위비트래블도 외화예금에 외화를 예치하면 달러와 유로에 대해 각각 연 2%, 1.5% 이자를 받을 수 있다.

환테크를 한다면 인터넷전문은행의 서비스들도 눈여겨볼 만하다. 카카오뱅크의 '달러박스'는 환전수수료 없이 달러를 모을 수 있고, 자유롭게 꺼내쓸 수 있다. 모아둔 달러를 카카오톡으로 선물할 수도 있다는 점이 차별화되는 부분이다. 토스뱅크 외화통장의 경우 특정 외화가 설정 가격 아래로 내려가면 알림과 동시에 자동 매수가 되는 기능인 '외화 모으기'가 있어 환테크 시 편리하다. 트래블로그에도 토스뱅크의 외화 모으기와 비슷한 '목표 환율 자동충전' 기능도 있다. 다만 재환전 시에는 수수료가 붙는다.

짠테크

티끌 모아 커피,
역대급 고물가에 짠테크 인기몰이

하루가 다르게 오르는 생활물가로 주머니 사정이 어려워진 MZ세대 사이에서 일명 '짠테크' 상품이 크게 인기를 끌고 있다. '짜다'와 '재테크'를 합성한 짠테크는 일상생활에서의 지출 줄이기 현상을 지칭한다. 고물가에 예·적금금리는 떨어지면서 소비를 극단적으로 제한하는 '무지출 챌린지'와도 일맥상통한다.

디지털 금융 시대 짠테크 열풍은 금융사의 '앱테크' 서비스 확대로 직결된다. 금융사들은 애플리케이션(앱)에 출석해 미션을 수행하면 포인트를 제공하는 등 짠테크족(族) 모시기에 나섰다.

짠테크란?

인색하다는 의미의 '짜다'와 '재테크'의 합성어. 고강도 지출 제한 등 절약 중심의 재테크 방식이다. 최근에는 금융사들이 짠테크족을 공략하기 위해 앱에서 특정 미션을 수행하면 포인트 등을 지급하는 앱테크 서비스를 내놓고 있다.

금융사 대표 앱테크 및 짠테크 서비스

우리은행	반려동물 키우는 출석·임무 수행 보상형 서비스 바크앤뱅크
케이뱅크	미션 수행 보상형 서비스 돈나무 키우기
신한은행	매일 야구 상식 퀴즈 '쏠야구'
카카오뱅크	음악 듣고 캐시 받기, 굿모닝 챌린지
농협은행	올원뱅크 NEW올원룰렛
교보생명	365플래닛 걷기
신한카드	소비 목표 달성 시 포인트 지급 '처음카드'
뱅크샐러드	합동 절약 게임 '샐러드게임'
토스	마이데이터상 전날 지출 내역 없으면 포인트 지급 '무지출 챌린지'

은행권 'OO 키우기' 육성 게임형 짠테크 인기

재미있게 돈을 벌 수 있는 금융상품에 가입해 저축을 늘리는 게 펀세이빙(fun saving)이라면 소비지출을 줄이며 '티끌 모아 태산'에 나선 이들이 짠테크족이다.

은행권에서는 게임과 결합한 형태의 'OO 키우기' 짠테크가 대세다. 우리은행은 2024년 7월 우리WON(원)뱅킹에서 반려동물 캐릭터를 키우며 경품도 받을 수 있는 출석·임무 수행 보상형 서비스 바크앤뱅크(Bark&Bank)를 출시했다. 반려동물을 최종 성장단계(5단계)까지 키운 고객은 커피, 햄버거 등 자신이 선택한 선물을 받을 수 있다.

케이뱅크는 2024년 3월 출시한 '돈나무 키우기'로 짠테크족을 공략했다.

매일 케이뱅크 앱에 출석해 온도 관리·물 주기·비료 주기 등 다양한 미션을 수행하면서 돈나무를 최종 성장단계(7단계)까지 키우는 게 목표다. 미션에 성공하면 100원에서 최대 10만 원까지 현금 보상을 받을 수 있다. 돈나무를 키우고 수확하기까지 빠르면 사흘 만에 가능하다. 서비스 출시 3주 만에 60만 명이 나무 27만 그루를 키웠을 정도로 인기를 끌었다.

취미 따라 야구 퀴즈 풀고, 음악 감상평 남기고 포인트 챙기기

앱에 접속해 퀴즈를 풀면 포인트를 지급하는 앱테크도 인기다. 미션 수행을 통해 재미를 느껴 앱 접속 빈도를 높여 마케팅 효과를 극대화하기 위한 전략이다.

신한은행은 365일 즐기는 야구 상식 퀴즈 '쏠야구'를 운영 중이다. 정답 즉시 마이신한포인트가 100% 당첨되고, 최대 1,000포인트를 받을 수 있다. 야구 관련 콘텐츠로 '승부 예측 쏠픽'도 있다. 프로야구 승부 예측 참여 시 마이신한포인트가 주어진다.

카카오뱅크는 '매일 용돈 받기' 서비스로 앱테크 족을 끌어모으고 있다. 페이지 방문, 사회관계망서비스(SNS) 팔로우와 같은 일반적인 미션에 더해 'MZ 테스트', '초성 퀴즈' 등 미션을 제공하고, 수행하는 고객들에게 현금을 보상으로 지급한다. 카카오뱅크에 따르면 매일 용돈 받기 미션에 참여한 고객의 앱 방문 건수가 20% 증가하는 등 은행의 앱 마케팅에도 도움이 되는 것으로 나타났다.

보다 직관적인 앱테크를 선보인 곳도 있다. 농협은행은 플랫폼 NH올원뱅크에서 'NEW올원룰렛' 서비스를 운영하고 있다. NEW올원룰렛은 100% 당첨되는 룰렛이다. 매일 하루에 한 번 룰렛을 돌리면 등수에 따라 1포인트부터 3만 포인트까지 범농협포인트를 받을 수 있다. 1등이 3만 포인트, 2등이 3,000포인트, 3등이 1,000포인트 등으로 간단하게 스타트 버튼만 누르면 된다. 당첨 즉시 NH포인트가 지급돼 누구나 손쉽게 참여할 수 있다.

취미와 결합한 서비스도 있다. 카카오뱅크의 '음악 듣고 캐시 받기' 서비스는 음악을 좋아하는 고객들이 참여할 수 있는 현금 보상형 앱테크 서비스다. 고객들이 인디가수 등 다양한 가수의 음악을 듣고 감상평을 남기면 카카오뱅크 계좌로 소액의 현금이 즉시 지급된다. 카카오뱅크는 뮤지션 및 음원 마케팅 스타트업 '나이비'와 협업해 이 같은 서비스를 출시했다. 2024년 8월 12일 출시 이후 약 한 달 만에 방문 건수 430만 건을 돌파했다. 카카오뱅크 관계자는 "걷기 등으로 이용 시간이 제약되는 앱테크 서비스들에 비해 일상생활 도중 언제라도 서비스를 이용할 수 있어 고객들의 반응이 좋았다"고 설명했다.

'걸음 수 따라 포인트' 건강관리 앱테크 여전한 인기

건강관리, 자기계발 미션과 관련된 앱테크는 여전히 인기가 높다.

신한은행은 1주간 하루 평균 걷기 미션을 성공하면 마이신한포인트를 제공하는 '만보 걷기'를 운영 중이다. 또 하루 최대 8컵을 목표로 물 마시기 미션을 수행하면 마이신한포인트를 제공하는 '물 마시기'도 서비스하고 있다.

보험사에서도 걸음 수와 연동해 포인트를 지급하는 서비스를 지속해 내놓고 있다. 교보라이프플래닛생명의 '365플래닛'에서는 8,000걸음 이상을 걸으면 100원을 지급한다. 월별 걸음 수도 집계해 특정 수를 넘어가면 최대 1,000원을 제공한다. 포인트는 교보생명 보험료로 납부하거나 교보문고 포인트, 제휴업체 쿠폰 등으로 바꿔 사용할 수 있다.

삼성화재의 애니핏플러스에서는 8,000걸음을 걸으면 50포인트를 지급한다. 포인트는 자체 쇼핑몰에서 상품권이나 기프티콘으로 사용 가능하다. 삼성금융네트웍스 통합 앱인 모니모에서는 5,000보를 걸으면 1개 젤리를 제공한다. 젤리 1개는 10~20원으로, 향후 '모니머니'로 전환해 현금 출금이 가능하다.

캐시워크는 짠테크앱의 대명사다. 일정 걸음 수마다 현금성 포인트를 지원하며 특정 시간대에 특정 기업에 관한 퀴즈를 푸는 '돈 버는 퀴즈'도 이용자들이 애용하고 있다. 최소 수십 원에서 수만 원까지 캐시를 지급한다.

이른바 미라클모닝 열풍과 더불어 특정 시간에 은행 앱에 출석 체크를 하면 리워드를 제공하기도 한다. 카카오뱅크는 매일 오전 6시부터 10시 사이 카카오뱅크 앱에 로그인하는 고객에게 상금을 나눠 지급하는 '굿모닝 챌린지'를 시즌제로 진행하고 있다. 카카오뱅크 입출금통장이나 카카오뱅크 미니(mini)를 보유한 고객은 누구나 신청할 수 있다. 26일간 연속으로 도전에 성공한 고객들에게 총 5억 원 상금이 나눠서 지급된다.

절약 응원하는 금융사, 무지출 챌린지 지원

지출 관리를 제한하는 형태의 서비스도 돋보인다.

신한카드는 생애 첫 신용카드를 발급하는 사회 초년생을 위해 소비 습관 관리까지 받을 수 있는 '신한카드 처음'을 출시했다. 처음카드는 무지출 챌린지처럼 예산관리를 공유하는 20~30대 특성을 반영했다.

처음카드의 '소비 관리 보너스 적립 서비스'는 계획 소비와 즉시 결제에 혜택을 제공한다. 예를 들어 고객이 이번 달 목표 소비 금액을 입력하면 500포인트를 제공하고, 목표를 달성할 경우 5,000포인트를 추가 적립해주는 것이다. 목표 입력과 진행 현황을 확인해 고객들이 소비 목표를 이룰 수 있도록 알림도 제공한다. 신한카드 관계자는 "생애 첫 신용카드 발급을 고민 중인 사회 초년생들을 대상으로 불필요한 지출은 방지하고 건전한 소비 습관을 구축할 수 있게 지원한다는 취지"라고 말했다.

뱅크샐러드는 2024년 6월 합동 절약 게임인 '샐러드게임' 참가팀을 모집했다. 애초 600팀(3,000명)을 목표로 했지만, 신청 인원이 예상을 웃돌면서

1,000팀(5,000명)으로 규모를 키웠다. 샐러드게임은 닷새간 5명의 팀원이 미리 설정한 예산 내에서 지출하면 지출 금액만큼 상금을 돌려받는 구조다. 6월 24~28일 진행한 1차 샐러드게임에선 참여자 5,000명(1,000팀) 중 1,460명(320팀)이 성공했고 이들은 직전 주 대비 평균 14만 원가량 절약했다.

토스의 '무지출 챌린지'는 마이데이터(본인신용정보관리업)를 기반으로 1일간 카드 사용 내역을 확인한 뒤 지출 내역이 없다면 다음날 일정 포인트를 지급하는 서비스다. 무지출을 일주일간 성공하면 추가로 포인트를 제공하고 하루 실패 시 '되돌리기' 기능을 이용할 수 있다.

금융권 관계자는 "짠테크는 소비자들의 앱 방문 횟수를 늘려 마케팅 효과도 있다"며 "고물가 상황에서 당분간 관련 서비스는 확대될 것"이라고 진단했다.

내 집부터 투자까지,
내가 '살' 그 집

청약

꼭 알아야 할 손해 보지 않는
청약제도

[🏠 내 집 마련 첫 도전, 신혼부부·청년 특별공급]

'내 집 마련'의 꿈을 이루는 가장 대표적 방법 중 하나로 '주택청약'이 꼽히지만 날로 다양해지고 복잡해지는 청약제도를 잘 활용하려면 이에 대한 이해가 선행돼야 한다. 특히 2024년 서울을 비롯한 수도권 아파트 매매 가격이 천정부지 오르면서 청약에 대한 관심이 커지고 경쟁률 또한 치솟아 수요자 각각의 상황에 맞춘 특별공급을 시의적절하게 공략하는 전략을 마련할 필요가 있다.

주택은 크게 일반공급과 특별공급으로 나뉘어 공급된다. 특별공급은 국가 정책상 또는 사회적 배려가 필요한 계층의 주택 마련을 지원하기 위한 제

내 집부터 투자까지, 내가 '살' 그 집

도다. 일정 비율의 주택을 일반공급 대상자와 경쟁 없이 공급받을 수 있으며, 평생 한 번만 받을 수 있어 잘 준비해 도전하는 것이 중요하다.

이 중 막 사회에 첫발을 내디딘 20대, 결혼해 가정을 이루고 아이들을 키우는 30~40대 등 생애주기별 인생 설계는 바로 '내 집'에서부터 시작된다는 점에서 2008년 무주택 신혼부부에게 결혼과 출산을 장려하기 위해 도입된 '신혼부부 특별공급', 2022년 말 주택을 소유한 적 없는 19세 이상 39세 이하 청년들에게 내 집 마련의 기회를 주고자 마련한 '청년 특별공급'은 특히 관심이 높은 청약제도다.

'신생아 우선권' 민영주택 신혼부부 특별공급

신혼부부 특별공급은 당장 주택 마련이 어려운 신혼부부에게 주택 마련의 기회를 확대함으로써 결혼 및 출산을 장려하기 위해 2008년 7월 처음 등장했다. 민영주택과 공공주택 통틀어 가장 많은 물량을 배정하고 있기 때문에 일반공급 당첨이 어려운 신혼부부라면 도전해볼 만하다.

민영주택과 '공공주택특별법' 미적용 국민주택 대상 신혼부부 특별공급은 혼인 기간 7년 이내, 혼인 후 주택 소유 사실 없을 것, 소득 또는 자산 기준 충족, 2세 미만 자녀(신생아 우선공급·일반공급에 청약하는 경우) 등 조건을 모두 만족할 시 신청이 가능하다. 이 중 2세 미만 자녀 조건은 2024년 3월 새롭게 추가된 청약 조건으로, 신혼부부 특별공급 물량의 20%를 2세 미만의 신생아 가구에 우선 배정하기 때문에 이를 잘 이해할 필요가 있다.

구체적으로 기존 신혼부부 특별공급 물량의 70%는 소득 기준을 만족한 신혼부부를 위해 배정했다. 그러나 저출생 대책의 일환으로 신생아 자녀가 있는 신혼부부에게 신혼부부 특별공급 물량의 일부를 우선공급하는 제도를 도입한 것이다. 이에 따라 신혼부부 특별공급 물량의 20%는 신생아 기준과 소득 기준을 만족하는 사람에게, 50%는 소득 기준을 만족하는 신혼부부에게 공급한다.

신생아 기준은 입주자 모집 공고일 현재 2세 미만(2세가 되는 날 포함)의 자녀가 있는 신혼부부를 일컫는다. 이를 충족한 사람 중 소득 기준에 따라 신생아 우선공급(15%), 신생아 일반공급(5%) 신청 여부가 결정된다. 신생아 우선공급은 신생아 기준을 충족하고 세대의 월평균 소득이 전년도 도시근로자 가구원수별 월평균 소득의 100% 이하(맞벌이는 120% 이하·부부 중 1인의 소득은 100% 이하여야 함)인 경우, 신생아 일반공급은 신생아 기준을 충족하고 세대의 월평균 소득이 전년도 도시근로자 가구원수별 월평균 소득의 100% 초과 140% 이하(맞벌이는 120% 초과 160% 이하·부부 중 1인의 소득은 140% 이하여야 함)여야 신청 가능하다.

여기서 참고할 대목은 신생아 우선공급과 신생아 일반공급 단계에서 경쟁 시 신혼부부 1순위·2순위는 무관하다는 점이다. 현재 혼인 관계에 있는 배우자와의 혼인 기간 중 출산 또는 입양한 자녀가 있고, 혼인 이후 모집 공고일 현재까지 무주택자인 경우 1순위, 자녀가 없거나 자녀가 있어도 혼인 기간 중 소유한 주택을 2018년 12월 11일 이전에 처분해 무주택 기간이 2년을 경과한 경우 2순위로 신혼부부 특별공급 신청이 가능하다.

다만 신생아 우선공급과 신생아 일반공급 중 하나로 청약을 한 경우엔 이에 상관없이 지역 → 자녀 수 → 추첨의 순서로 당첨자를 선정한다는 얘기다. 대신 신생아 우선공급과 신생아 일반공급 단계에서 낙첨된 사람은 다음 단계에서 경쟁이 있을 때 이 같은 순위를 적용해 당첨자를 선정한다는 점도 알아두어야 한다.

신생아가 없지만 소득 기준을 충족한 신혼부부들은 신생아 우선공급 및 신생아 일반공급 다음 단계인 우선공급(35%), 일반공급(15%)을 노려야 한다. 소득 기준은 앞선 신생아 우선공급 및 신생아 일반공급 소득 기준과 동일하다. 이 단계에서 신혼부부 1순위자를 우선해 당첨자를 선정하며 1순위 선정을 마치고 남은 물량이 있으면 2순위를 대상으로 당첨자를 선정한다. 이때 앞선 신생아 우선공급 낙첨자는 신혼부부 특별공급 우선공급, 신생아 일반공급 낙첨자는 신혼부부 특별공급 일반공급 단계에 각각 포함된다는 점을 참고해야 한다.

요약하자면 당첨자 선정 방식은 다음과 같다. 신생아 우선공급(15%) 먼저 해당 지역 거주자 → 자녀 수가 많은 자 → 추첨 → 기타지역 거주자 → 자

민영주택 신혼부부 특별공급 당첨자 선정 단계 및 소득 기준

출처: 청약홈
단위: 원

공급 유형		기준	3인 이하	4인	5인
신생아 우선공급 (기준 소득, 15%)	부부 중 한 명만 소득이 있는 경우	100% 이하	~7,004,509	~8,248,467	~8,775,071
	부부 모두 소득이 있는 경우	120% 이하	~8,405,411	~9,898,160	~10,530,085
신생아 일반공급 (상위 소득, 5%)	부부 중 한 명만 소득이 있는 경우	100% 초과 140% 이하	7,004,510 ~9,806,313	8,248,468 ~11,547,854	8,775,072 ~12,285,099
	부부 모두 소득이 있는 경우	120% 초과 160% 이하	8,405,412 ~11,207,214	9,898,161 ~13,197,547	10,530,086 ~14,040,114
우선공급 (기준 소득, 35%)	부부 중 한 명만 소득이 있는 경우	100% 이하	~7,004,509	~8,248,467	~8,775,071
	부부 모두 소득이 있는 경우	120% 이하	~8,405,411	~9,898,160	~10,530,085
일반공급 (상위 소득, 15%)	부부 중 한 명만 소득이 있는 경우	100% 초과 140% 이하	7,004,510 ~9,806,313	8,248,468 ~11,547,854	8,775,072 ~12,285,099
	부부 모두 소득이 있는 경우	120% 초과 160% 이하	8,405,412 ~11,207,214	9,898,161 ~13,197,547	10,530,086 ~14,040,114
추첨공급	부부 중 한 명만 소득이 있는 경우	세대의 월평균 소득이 전년도 도시근로자 월평균 소득의 140% 초과하나, 부동산가액이 3억 3,100만 원 이하인 경우			
	부부 모두 소득이 있는 경우	세대의 월평균 소득이 전년도 도시근로자 월평균 소득의 160% 초과하나, 부동산가액이 3억 3,100만 원 이하인 경우			

녀 수가 많은 자 → 추첨을 진행한다. 다음 남은 물량에 대해 동일한 방식으로 신생아 일반공급(5%) 당첨자를 선정한다. 다음 단계인 우선공급(35%) 또는 일반공급(15%)은 신혼부부 1순위자를 우선해 동일한 기준으로 추첨하며 남은 물량이 있으면 2순위자를 대상으로 추첨을 진행하는 방식이다.

'가점' 잘 챙겨야 하는 공공주택 신혼부부 특별공급

민영주택과 더불어 일반형, 선택형 공공주택에도 10% 범위에서 신혼부부 특별공급이 있어 신혼부부라면 관심을 가져볼 만하다. 민영주택은 청약홈을 통해 청약 신청을 할 수 있는 데 반해 LH공공분양주택, 분양전환가능 공공임대주택은 LH청약플러스에서 별도로 청약 접수를 진행한다는 점을 기억해야 한다. 이 중 일반형과 선택형 공공주택 신혼부부 특별공급은 혼인 기간이 7년 이내이거나 6세 이하의 자녀가 있는 신혼부부라면 신청할 수 있다. 세대의 월평균 소득이 전년도 도시근로자 가구원수별 월평균 소득의 100%(맞벌이는 120%) 이하인 자를 대상으로 주택형별 공급량의 70%를 신혼부부 특별공급 우선공급 선정 방식에 따라 공급한다.

경쟁에선 당연히 1순위가 2순위보다 우선한다. 1순위는 혼인 기간 중 자녀를 출산(임신·입양 포함)해 미성년 자녀가 있는 신혼부부, 민법 제855조 제2항에 따라 혼인 중의 출생자로 인정되는 혼인 외의 출생자가 있는 경우, 6세 이하 자녀를 둔 한부모가족이 포함된다. 2순위는 예비 신혼부부와 1순위에 해당하지 않는 신혼부부를 말하며, 이때 2018년 12월 18일까지 기존 소유 주택을 처분해 공고일 현재 무주택 기간이 2년 이상인 신혼부부도 이에 포함된다.

순위 내 경쟁에선 해당 주택 건설 지역 거주자가 유리하며, 같은 지역 내 경쟁 시에는 가점이 높은 순으로 당첨자가 결정된다. 가구소득이 낮을수록(해당 세대의 월평균 소득이 전년도 도시근로자 가구원수별 월평균 소득의

공공주택 신혼부부 특별공급 가점 항목

출처: 청약홈

배점 요소	기준	점수	비고
가구 소득	월평균 소득 80% 이하 (부부 모두 소득이 있는 경우 100% 이하)	1	※ 소득 기준과 관련된 사항은 청약 전 반드시 입주자 모집 공고문을 확인하시기 바라며, 자세한 사항은 사업 주체에 문의하시기 바랍니다.
	배점 기준 소득 초과	0	
미성년 자녀 수	3명 이상	3	입주자 모집 공고일 현재 신청자의 주민등록표등본이나 가족관계증명서로 확인되는 미성년 자녀 * 한부모가족 및 예비 신혼부부도 동일하게 적용
	2명	2	
	1명	1	
해당 시·군 연속 거주 기간	3년 이상	3	청약 신청자의 해당 주택건설지역의 연속 거주 기간(특별시, 광역시, 특별자치시, 특별자치도 또는 시·군의 행정구역)
	1년 이상~3년 미만	2	
	1년 미만	1	
	미거주	0	
혼인 기간	3년 이하	3	혼인신고일을 기준으로 산정 * 한부모가족은 선택 불가
	3년 초과~5년 이하	2	
	5년 초과~7년 이하	1	
	7년 초과(6세 이하 자녀가 있는 경우에 한함)	0	
	예비 신혼부부	0	
한부모가족의 자녀 나이	만 2세 이하(태아 제외)	3	- 입주자 모집 공고일 현재, 한부모가족의 자녀 나이를 선택 - 만 6세 이하의 자녀가 2명 이상인 경우에는 가장 어린 자녀의 만 나이를 선택 * 신혼부부 또는 예비 신혼부부 선택 불가
	만 3세 또는 만 4세	2	
	만 5세 또는 만 6세	1	
	태아	0	
주택청약 종합저축 납입 횟수	24회 이상	3	입주자 모집 공고일 현재 공급신청자의 가입 기간을 기준으로 하며 입주자저축 종류, 가입자 명의 변경을 한 경우에도 최초 가입을 기준으로 산정
	12회 이상~24회 미만	2	
	6회 이상~12회 미만	1	

80%(맞벌이는 100% 이하인 경우)) 자녀의 수가 많을수록, 해당 주택건설 지역 연속 거주 기간이 길수록, 주택청약종합저축 납입 회차가 많을수록 가점이 높으니 이를 필히 확인해야 한다.

'본인 소득'이 기준… 공공주택 청년 특별공급

2022년 12월 처음 등장한 청년 특별공급은 아쉽게도 민영주택에는 없고 한국토지주택공사(LH)와 같은 공공주택 사업자가 공급하는 공공주택 가운데 $60m^2$ 이하인 소형주택에서만 만날 수 있다. 공공주택 중에서도 6년 공공임대라 불리는 '선택형 공공주택'과 이익공유형, 토지임대부 분양주택인 '나눔형 공공주택'의 각 15% 범위에서 청년 특별공급을 한다.

주목할 대목은 통상 세대 구성원 모두의 소득을 합산해 소득 기준을 판단하는 것과 달리 청년 특별공급은 청년 본인의 소득만을 판단 기준으로 삼는다. 단, 총자산 기준은 청년 본인뿐 아니라 부모(세대 분리된 경우에도 포함)까지 포함해 검증하며, 이때 청년과 부모의 총자산 합계가 아닌 각각의 자산 기준을 충족해야 하는 것이 특징이다.

구체적인 청년 특별공급 신청 자격을 살펴보면 우선 '혼인 중이 아닌' 19세 이상 39세 이하여야 한다. 여기서 혼인 중이 아닌 자는 지금까지 한 번도 혼인한 적이 없거나, 현재는 미혼이나 과거 혼인한 적이 있는 경우(이혼·사별 등) 모두를 포함한다. 태어나서부터 공고일 현재까지 무주택자여야 하며, 부모의 주택 유무는 관계없다.

소득은 청년 본인에 한정해 검증하며, 본인의 월평균 소득이 전년도 도시근로자 가구원수별 월평균 소득의 140% 이하여야 한다. 자산은 일반적인 부동산(건물+토지) 자산과 자동차가액이 아닌 '총자산' 개념을 적용하며, 본인과 부모에 대한 적용 기준이 각기 다르다. 자산 유형별 기준은 LH 사전청약 나눔형 분양주택 입주자 모집 공고문에서 확인할 수 있다.

내 집부터 투자까지, 내가 '살' 그 집

공공주택 청년 특별공급 가점 항목

출처: 청약홈

배점 요소	기준	점수	비고
① 본인의 월평균 소득	70% 이하	3	※ 소득 기준과 관련된 사항은 청약 전 반드시 입주자 모집 공고문을 확인하시기 바라며, 자세한 사항은 사업 주체에 문의하시기 바랍니다.
	70% 초과 100% 이하	2	
	100% 초과	1	
② 해당 시·도 연속 거주 기간	2년 이상	3	신청자가 해당 시·도에 입주자 모집 공고일 현재까지 계속하여 거주한 기간 ※ 시는 특별시·광역시·특별자치시 기준이고, 도는 도·특별자치도 기준
	1년 이상 2년 미만	2	
	1년 미만	1	
	미거주	0	
③ 주택청약종합저축 납입 횟수	24회 이상	3	입주자 모집 공고일 현재 신청자의 주택청약종합저축 납입 인정 횟수
	12회 이상 23회 이하	2	
	6회 이상 11회 이하	1	
④ 소득세 납부 기간	5년 이상	3	입주자 모집 공고일 현재까지 소득세(소득세법 제19조 또는 제20조에 해당하는 소득세를 말하며, 납부할 세액이 없는 경우를 포함)를 납부한 기간
	3년 이상 5년 미만	2	
	3년 미만	1	
	납부 실적 없음	0	
우선공급 합계 ①+②+③(9점 만점)			
잔여공급 합계 ①+②+③+④(12점 만점)			

청년 특별공급에서 '공고일 현재 근로자 또는 자영업자, 과거 1년 내 소득세를 납부한 자로서 5년 이상 소득세 납부한 자'라는 조건은 신청을 위한 '필수 조건'은 아니나 이에 해당한다면 우선공급 자격으로 신청할 수 있다.

청년 특별공급 물량의 30%는 근로자 또는 자영업자 또는 과거 1년 내 소득세를 납부한 자로서 5개년 이상 소득세 납부 실적이 있는 우선공급 신청자들에게 먼저 당첨자 선정 기회가 주어진다. 우선공급 신청자 가운데 경쟁이 발생한다면 다른 특별공급 유형과 마찬가지로 지역 우선공급 원칙에 따라 해당 지역 거주자가 우선한다. 만약 같은 지역 내에서 경쟁이 발생한다면 가점이 높은 순이다. 가점은 신청자 본인의 월평균 소득이 낮을수록, 해당 지역 연속 거주 기간이 길수록, 주택청약종합저축 납입 인정 회차가 많을수록, 소득세를 납부한 기간이 길수록 높다.

소득세 납부 실적이 없거나 우선공급 경쟁에서 떨어졌다고 해도 기회는 있다. 청년 특별공급의 기본 신청 자격을 충족하는 잔여공급 대상자를 위한 물량이 최소 70% 이상 남아 있어서다. 잔여공급 경쟁 시에는 소득세 납부 기간이 중요한 요인이다. 5년 이상 소득세를 납부한 경우에 최고 가점을 받을 수 있어 실제 납부한 기간이 길수록 당첨 확률이 그만큼 높아진다.

[● 공공주택서 빛 보는 잘 가꾼 청약통장]

2024년 날로 치솟는 수도권 아파트 매매 가격에 청약 시장에 대한 관심 또한 그 어느 때보다 높아지면서 좋은 입지의 민영주택 일반공급에서 당첨되긴 '하늘의 별 따기'처럼 여겨진다. 소위 '얼죽신(얼어 죽어도 신축)' 현상에 경쟁률이 치솟은데다 가점 당첨선이 70점을 웃돌면서 사실상 당첨을 기대하기 어려운 현실이어서다. 무주택 기간 15년 이상·청약통장 가입 기간 15년 이상인 4인 가족(부양가족 3명)이 받을 수 있는 가점은 69점이 최고다.

긴 시간 '내 집 마련'의 꿈을 안고 꾸준히 청약통장을 관리해온 이 같은 무주택 세대 구성원이라면 공공주택 일반공급을 노려보는 것이 보다 현실적일 수 있다. 공공주택은 국토교통부(국토부) 장관이 지정한 공공주택사업자가 공급한다. LH나 서울주택도시공사(SH), 경기주택도시공사(GH)와 같은 지방공사 등이 이에 해당한다.

공공주택 일반공급은 신청 자격과 당첨자 선정 방법이 민영주택과 달라서다. 민영주택 일반공급 1순위는 가점제와 추첨제를 통해 당첨자를 선정하

내 집부터 투자까지, 내가 '살' 그 집

지만 공공주택 물량의 80%는 순위 순차제로, 남은 물량은 추첨으로 당첨자를 선정한다. 순위 순차제란 같은 1순위에서 경쟁할 때 청약통장의 납입 인정 금액(또는 회차)이 높은 순으로 당첨자를 선정하는 방식인 만큼, 청약통장을 꾸준히 관리해온 이들이라면 충분히 기회를 노려볼 수 있다는 얘기다.

납입 인정 금액 올린 청약통장, 또 무엇이 달라졌나

청약통장 납입 인정 금액은 2024년 11월 1일부로 기존 10만 원에서 25만 원으로 상향 조정됐다. 청약통장은 매달 최소 2만 원에서 최대 50만 원까지 자유롭게 저축할 수 있지만 납입 인정 금액은 1983년부터 월 10만 원으로 고정돼왔다. 국토부가 이같이 납입 인정 금액을 올린 건 보다 많은 무주택 세대 구성원이 공공주택 일반공급에 도전할 수 있는 길을 열어주기 위한 취지다. 공공주택 일반공급 1순위 당첨자들의 저축 총액은 1,500만 원 수준으로, 이는 매월 기존 납입 인정 금액 10만 원씩 12년 이상 저축해야 가능하다. 납입 인정 금액을 25만 원으로 상향하면 5년만 저축해도 저축 총액 1,500만 원인 청약통장을 가질 수 있게 되는 셈이다.

2024년 10월부터 기존 청약예금, 청약부금, 청약저축을 주택청약종합저축통장으로 전환할 수 있는 것도 달라진 점이다. 이번 조치로 주택청약종합저축 통장 외 다른 유형의 청약통장을 가진 이들도 모든 주택 유형에 청약 신청을 할 수 있게 된다. 아울러 종합저축의 높은 금리와 소득공제 혜택, 배우자 통장 보유 기간 합산 등 종합저축에서 제공되는 혜택을 받을 수 있다.

다만 향후 청약저축 가입자가 민영주택에 청약을 신청하거나 청약예금 또는 청약부금 가입자가 공공주택에 청약을 신청하려는 경우 납입 실적은 2024년 10월 전환 이후 신규 납입분부터 인정된다는 점은 고려해야 한다. 전환은 종전 청약통장 발급 은행에서 전환신청서를 작성해 제출하면 된다. 2024년 11월 1일부터는 청약예금 또는 청약부금의 타행 전환도 가능해진다.

공공주택 일반공급 청약 자격부터 민간보다 '엄격'

공공주택 일반공급은 청약 자격부터 민영주택보다 엄격하다고 볼 수 있다. 입주자저축 가입자 및 해당 지역 거주자 등 요건은 민영주택과 비슷하지만 '무주택 세대 구성원'이라는 필수 조건이 추가된다. 민영주택의 공급 대상이 1인 1주택인 것과 달리 공공주택은 1세대 1주택 공급이 원칙이어서다.

이에 따라 공공주택 일반공급 청약 신청자는 본인뿐 아니라 같은 주민등록표 등본상 세대원 전원이 무주택 조건을 충족해야 한다. 만일 청약 신청자의 배우자가 신청자와 등본상 분리돼 있다면 분리된 배우자의 주민등록표 등본상 청약 신청자의 세대원 역시 모두 무주택이어야 한다.

단, 세대 구성원 중 60세가 넘는 직계존속(배우자 직계존속 포함)이 보유한 주택 또는 분양권 등이 있다면 보유 개수와 무관하게 주택 소유로 보지 않으므로 공공주택의 일반공급 청약이 가능하다. 하지만 무주택으로 간주하는 주택이라고 해도 '자산'에는 포함되므로 자산 기준을 초과할 수 있다는 점은 반드시 확인해봐야 할 대목이다. 전용면적 $60m^2$ 이하의 공공주택 일반공급에 청약하려면 소득 및 자산 기준 모두 충족해야 해서다.

이외 공공주택에 청약할 수 있는 청약통장에 가입해 있는지 확인하는 것은 기본 중 기본이다. 청약예금 또는 청약부금은 공공주택 청약이 불가하며, 청약저축 또는 주택청약종합저축에 가입돼 있어야 청약 신청할 수 있다는 점을 반드시 확인해야 한다. 2024년 10월 1일부터 청약예금, 청약부금을 주택청약종합저축으로 전환할 수 있게 된 만큼 전략적으로 이를 활용하는 것도 방법이다.

공공주택 일반공급 80% 결정 지을 순위 순차제란

순위 순차제란 공급 물량을 청약통장 납입 인정 금액(또는 회차)이 많은

공공주택 일반공급 청약 순위별 요건

출처: 청약홈

청약 순위	청약통장 (입주자저축)	비고	
		청약통장 가입 기간	납입금
1순위	주택청약종합저축 청약저축	○ 투기과열지구 및 청약과열지역: 가입 후 2년 이상 경과한 분 ○ 위축지역: 가입 후 1개월이 경과한 분 ○ 투기과열지구 및 청약과열지역, 위축지역 외 - 수도권 지역: 가입 후 2년이 경과한 분 - 수도원 외 지역: 가입 후 6개월이 경과한 분 (다만 필요한 경우 시·도지사가 수도권은 24개월, 수도권 외 지역은 12개월까지 연장 가능)	매월 약정 납입일에 월 납입금을 연체 없이 다음의 지역별 납입 횟수 이상 납입한 분 ○ 투기과열지구 및 청역과열지역: 24회 ○ 위축지역: 1회 ○ 투기과열지구 및 청약과열지역, 위축지역 외 - 수도권 지역: 12회 - 수도권 외 지역: 6회 (다만 필요한 경우 시·도지사가 수도권은 24회, 수도권 외 지역은 12회까지 연장 가능) * 단, 월 납입금을 연체하여 납입한 경우 주택공급에관한규칙 제10조제3항에 따라 회차별 납입 인정일이 순연됨
2순위 (1순위 제한 자 포함)	1순위에 해당하지 않는 분(청약통장 가입자만 청약 가능)		

순으로 당첨자를 뽑는 방식이다. 과거에는 공공주택 일반공급의 당첨자 선정 방식은 100% 순위 순차제를 적용했으나 2023년 관련 규칙 개정으로 이를 80%로 낮춰 우선공급하며, 여기서 떨어진 사람들과 2순위 신청자를 모아 무작위 추첨 방식으로 나머지 20%를 공급한다.

단, 추첨 시에도 민영주택과 마찬가지로 해당 지역 거주자를 우선해 당첨자를 선정한다는 점은 참고해야 한다. 청약 신청자의 해당 지역 거주 여부는 모집 공고일 현재 신청자의 주민등록표 등본상 거주 지역으로 판단한다. 만약 동일 순위 내 경쟁이 있을 경우 해당 지역 거주자가 당연히 유리하다.

공공주택 일반공급 물량 80%를 순위 순차제에 따라 당첨자를 선정하기 때문에 청약통장 1순위가 되는 것이 가장 중요하다고 볼 수 있다. 청약통장의 순위는 통장의 가입 기간과 납입 회차가 모두 충족돼야 하며 지역에 따라 1순위 조건은 상이하다. 단지 위치가 수도권 비규제지역인 경우 가입 기간이 1년 경과하고 납입 인정 회차가 12회 이상이면 1순위에 해당하는 반면, 투기과열지구 또는 청약과열지역 등 규제지역이라면 가입 기간이 2년 경과하고 납입 인정 회차가 24회 이상이어야 한다. 여기에 세대주이면서 과거 5년 이내 신청자 본인과 세대 구성원 전원이 다른 주택에 당첨된 사실이 없어야 한다는 점도 숙지해야 한다.

공공주택 일반공급 청약 당첨 순차 내역
출처: 청약홈

순차	40m² 초과	40m² 이하
1	3년 이상의 기간 무주택 세대 구성원으로서 저축 총액이 많은 자	3년 이상의 기간 무주택 세대 구성원으로서 납입 횟수가 많은 자
2	저축 총액이 많은 자	납입 횟수가 많은 자

공공주택 일반공급 1순위 내 경쟁 발생 시 세대 구성원 전원의 무주택 기간이 매우 중요하다. 해당 지역 내에서 경쟁이 있는 경우 세대 구성원 전원의 무주택 기간이 3년 이상인 자를 우선해 당첨자를 선정해서다. 다만 무주택 기간이 10년이라고 해서 3년인 세대보다 유리한 것은 아니다. 무주택 기간 3년을 충족하는 것이 중요하지 기간이 긴 건 고려 대상이 아니어서다.

1순위, 해당 지역 거주, 세대원 전원 3년 이상 무주택 기간을 충족했다면 본격적인 순위 순차제 경쟁이 펼쳐진다. 구체적으로 전용면적 40m²를 초과하는 주택은 세대 구성원 전원의 무주택 기간이 3년 이상인 사람 중 저축 총액이 많은 자가 당첨자로 먼저 선정된다. 여기서 저축 총액은 단순 총액이 아닌 납입 인정 금액을 말한다. 민영주택과 달리 공공주택은 1회 최대 25만 원(2024년 11월 1일 이전 10만 원)까지만 인정되기 때문에 무주택 기간 3년 이상 매달 꼬박꼬박 이를 납입해야 당첨될 확률이 높다.

만약 가입만 해두고 월 납입금을 꾸준히 납부하지 않았거나 연체 중인 청약통장이 있다면 일시 납부를 통해 통장 순위와 납입 인정 금액을 어느 정도 회복할 수 있다. 매월 약정일 꾸준히 납입 인정 금액을 납부한 사람과 동일하진 않지만 통장을 해지하고 신규 가입하는 것보단 훨씬 효용이 높다는 점 참고해야 한다.

[⬢ 청약통장 없이도 청약 가능한 '줍줍']

2024년 1월부터 8월까지 이른바 '줍줍'이라 불리는 전국 무순위 청약에 신청자가 625만 898명이 몰려들었다는 보도가 나왔다. 2023년 연간 신청자가 112만 4,188명 수준이었던 점을 고려하면 2024년이 4개월이나 남은 시점에 이미 5.6배 많은 신청자들이 몰린 셈이다.

줍줍에 이같이 수많은 신청자들이 몰려드는 데에는 가점 점수도 부족하고, 청약통장 가입 기간도 충분치 않은 데다 결혼도 하지 않고서도 좀처럼 입성이 어려운 인기 지역 주택청약에 당첨될 수 있어서다. 실제로 분양가 상한제가 적용되는 서울과 경기 등 수도권 내 상급지 아파트 단지의 경우 줍줍 당첨이 될 경우 수십억 원에 이르는 시세차익을 누릴 수 있어 그 어느 때보다 이에 대한 수요자들의 관심이 높아지는 모양새다.

줍줍은 무엇인가

2024년 8월 말 기준 청약통장 가입자 수는 2,548만 9,863명으로, 1순위 신청이 가능한 청약통장 가입자여도 당첨을 바라는 건 쉽지 않다. 법 테두리 안에서 청약통장 없이도 당첨이 가능한 이른바 '줍줍'이라 불리는 공급 유형이 새삼 주목을 받는 이유다.

무순위 청약은 '주택공급에 관한 규칙'에서 명확하게 설명하고 있지 않지만, 규칙 내 흩어져 있는 내용을 모아보면 크게 4가지로 구분할 수 있다.

먼저 '사전 접수 무순위'로 사업 주체에서 주택형별로 청약 신청 미달로 인한 미분양을 대비해 청약 전에 미리 접수를 받는 경우다. 이는 당첨자 발표 후 미분양 물량에 대해 앞선 사전 접수자를 대상으로 추첨을 진행해 잔여 세대에 대한 입주자를 선정하는 방식이다.

'사후 접수 무순위'는 가장 대표적인 줍줍에 해당한다. 청약 이후에 발생한 잔여 세대에 대해 청약 접수를 다시 받고 추첨으로 입주자를 선정하는 방식이다. 청약 접수 결과 주택형별 공급 세대보다 신청자가 많거나 같은 경우 공개 모집 방식으로 입주자를 선정하는 식이다. 줍줍을 노리는 이들이라면 청약홈을 통한 입주자 모집이 의무인 투기과열지구 등 규제지역 내 무순위 아파트를 추려, 미리 청약 알리미 서비스를 신청해두거나 수시로 청약홈을 방문해 확인하면 좋다.

주택형별 공급 세대수보다 신청자가 적어 미달이 된 경우 사업 주체는 선착순으로 입주자를 모집할 수 있다. 소위 임의공급이다. 또 계약 취소 주택을 재공급하는 사례 또한 줍줍에 해당한다. 투기과열지구나 청약과열지역 등 규제지역 등에서 주택의 전매제한 기간을 위반하거나 입주자저축 증서 등을 양도·양수하는 등 공급 질서 교란 행위를 해 계약이 취소된 주택을 사업 주체가 취득해 공개 모집 방식으로 입주자를 선정하는 것을 말한다.

줍줍 유형별 청약 자격·유의 사항은

2023년 2월 28일 개정된 주택공급에관한규칙에 따르면 사후 접수 무순위는 '공고일 현재 대한민국에 거주하는 성년자'라면 누구나 신청이 가능하도록 했다. 기존 '해당 지역에 거주하는 무주택 세대 구성원'만 신청할 수 있었던 데에서 자격이 대폭 완화됐다. 꼭 해당 지역에 살지 않더라도, 민영주택의 경우 신청자 또는 세대 구성원이 현재 집을 여러 채 소유하고 있어도, 사후 접수 무순위를 신청할 수 있게 된 셈이다.

단, 공공주택의 경우에는 국내에 거주하는 무주택 세대 구성원인 성년자만 신청 가능하도록 하고 있다는 점은 참고해야 한다.

또 민영주택 가운데에서도 규제지역 내 사후 접수 무순위 신청 시 유의할 사항이 있어 이를 꼭 확인해야 한다. 규제지역 내 사후 접수 무순위 공고는 '사업 주체는 반드시 청약홈 홈페이지를 통해 입주자를 모집해야 하고, 당첨 시 '당첨자'로 명단 관리되며, 재당첨 제한 적용 및 향후 5년간 규제지역 내 주택 공급에 1순위 청약 신청이 불가하다'고 명시돼 있어서다.

규제지역에서 사후 접수 무순위로 당첨된 후 별도의 부적격 사유 없이 계약을 포기해도 당첨자로 관리된다는 점은 꼭 유의해야 한다. 즉 계약 체결 여부와 관계없이 당첨 시 투기과열지구는 10년, 청약과열지역은 7년간 재당첨 제한 기간을 적용받게 된다는 점을 의미한다. 또 향후 5년간 규제지역 내 1순위 청약 신청도 불가하다. 청약 신청 자격이 없는 자가 당첨되는 경우 부적격 당첨자가 돼 최대 1년간 다른 주택에 청약할 수 없다. 준비 없이 무턱대고 사후 접수 무순위에 신청됐다가 당첨되면 곤란한 상황에 처할 수 있다는 점을 유의해야 한다.

계약 취소 주택 재공급의 경우에도 청약통장에 가입돼 있지 않아도 유형별 신청 자격을 갖추면 신청이 가능해 줍줍으로 불린다. 다만 취소된 주택이 당초 어떤 유형으로 당첨됐는지에 따라 신청 자격이 달라지는 특징을 갖는다. 만약 계약 취소된 주택이 당초 일반공급이었다면 재공급 신청 자격도 이와 유사하게 해당 지역에 거주하는 무주택 세대 구성원인 세대주가 된다.

특별공급이었다면 해당 지역 거주자로서 입주자 모집 공고일 현재 취소된 주택의 특별공급 유형별 요건을 갖춰야 한다. 가령 계약 취소된 주택이 당초 다자녀 특별공급으로 공급됐었다면, 재공급 신청 자격 또한 입주자 모집 공고일 현재 해당 지역 거주자로서 미성년 자녀(태아 포함)가 2명 이상인 무주택 세대 구성원이어야 한다는 얘기다.

주택형별 공급 세대수보다 신청자가 적어 선착순 모집으로 임의공급하는 주택은 거주지, 주택 유무 등 제한 없이 신청할 수 있다. 단, 분양전환공공

무순위 청약 유형별 자격 및 세부 사항
출처: 청약홈

구분		무순위 사후 접수		임의공급	계약 취소 주택 재공급	
청약 자격	대상자	성년자 (공공주택의 경우 무주택 세대 구성원인 성년자)		사업 주체가 별도로 정하는 요건 적용	무주택 세대 구성원인 성년자 중 - 특별공급: 각 특별공급 자격요건 충족자 - 일반공급: 무주택 세대주	
	거주 지역	국내 거주			해당 주택 건설 지역 거주	
청약 접수 주체		청약홈(의무)	- 청약홈(선택) - 사업 주체	- 청약홈(선택) - 사업 주체	청약홈(의무)	
당첨자 관리		○	×	×	○	○
청약통장 사용 여부		×	×	×	×	×
재당첨 제한 적용 여부		적용	미적용	미적용	적용	미적용 (분양가상한제 주택 등의 경우 적용)
유주택자 (세대원 포함)		청약 가능 (공공주택 제외)	청약 가능 (공공주택 제외)	청약 가능	청약 불가	청약 불가
재당첨 제한자 (세대원 포함)		청약 불가	청약 가능	청약 가능	청약 불가(재당첨 제한자 본인과 그 배우자에 한함)	청약 가능
동일 주택 기 당첨자		청약 불가	청약 불가	청약 가능	청약 가능	청약 가능
부적격 당첨자		청약 불가	청약 불가	청약 가능	청약 불가	청약 불가
공급 질서 교란자		청약 불가	청약 불가	청약 가능	청약 불가	청약 불가

　내 집부터 투자까지, 내가 '살' 그 집

임대주택은 미분양 여부와 무관하게 당첨자로 관리되므로 유의해야 한다.

줍줍도 이런 수요자는 신청 못 한다

사후 접수 무순위, 계약 취소 주택 재공급 등 줍줍은 신청 제한 사항도 있어 이를 사전에 확인할 필요가 있다.

먼저 비규제지역 사후 접수 무순위 주택은 공급 질서 교란자, 부적격 당첨자, 동일 주택 당첨자(추가 입주자) 등은 신청이 제한된다. 규제지역의 사후 접수 무순위도 공급 질서 교란자, 부적격 당첨자, 동일 주택 당첨자의 신청을 제한하는 데에 더해 재당첨 제한자와 중복 청약(당첨자 발표일이 같은 다른 주택청약의 경우)도 제한하고 있다. 이와 함께 규제지역 사후 접수 무순위 청약의 경우 동일 세대 구성원 중 2명 이상 청약 신청 조건이 별도로 정해져 있어 필히 숙지해야 한다. 규제지역 내에서 공급하는 사후 접수 무순위 주택은 국내 거주하는 성년자에게 공급하도록 돼 있고 신혼부부·생애 최초 특별공급과 같이 '1세대 1주택'만 청약해야 하는 기준이 아니기 때문에 세대원 중 2인 이상이 중복 청약했다고 부적격 처리하진 않는다.

다만 동일 세대에서 부부가 아닌 세대원이 2명 이상 당첨된다면 주택공급에관한규칙 제54조에 따른 재당첨 제한 규정을 위반한 것으로 보아 모두 부적격 처리된다. 여기서 부부의 경우 동규칙 제55조2에 따라 당첨자 발표일이 같은 주택에 부부가 중복 당첨됐을 때 접수 일시가 빠른 당첨 건은 유효하며, 접수 일시가 늦은 당첨 건은 무효 처리한다.

계약 취소 주택 재공급의 경우 공급 질서 교란자, 부적격 당첨자, 주택 소유자는 신청이 제한된다. 재당첨 제한자와 중복 청약의 경우 규제지역은 신청 불가, 비규제지역은 신청 가능하다. 임의공급의 경우에는 공급 질서 교란자, 부적격 당첨자 등도 신청이 가능해 사실상 유의 사항이 거의 없다. 당첨 시 당첨자로 관리되지 않으며 재당첨 제한도 적용받지 않는다.

재건축
재개발

서울 재건축·재개발
이곳이 '진짜'다

과거 정부는 재건축·재개발로 인한 난개발 폐해를 막는단 취지로 정비사업에 각종 규제를 적용해왔다. 하지만 서울 등 수도권 핵심지역의 주택 '공급절벽' 우려와 함께 부동산 가격이 폭등하자 규제를 과감하게 풀고 공급을 확대해 시장을 안정화하는 방향으로 정책을 선회했다.

정부가 재건축 안전진단 평가 기준을 완화하고 사업성이 보장될 수 있도록 용적률 등 규제 빗장을 풀자 목동 신시가지, 반포권역, 방배동, 여의도, 한남뉴타운 등 서울 구(舊)도심에 위치한 노후 주택과 아파트 단지들은 황금 같은 미래 가치를 품은 '노다지'로 주목받고 있다. 더불어 서울 핵심지 신축 입성을 꿈꾸는 수요자들에게 이번 재건축은 언제 다시 올지 모르는 절호의 기회다.

규제완화에 재건축 화색 도는 서울 노후 아파트

2023년 국토교통부(국토부)가 '재건축 안전진단 합리화 방안'을 시행하면서 안전진단 통과율에 과도한 영향을 줬던 구조안전성 비중은 50%에서 30%로 하향 조정됐다. 주거수준 향상 및 주민 불편 해소 등을 고려해 주거환경(15%), 설비 노후(25%) 점수 비중은 각각 30%로 상향 조정됐다.

또한 조건부 재건축 판정 범위는 기존 '30~55점 이하'에서 '45~55점 이하'로 조정돼 45점 이하는 즉시 재건축을 추진할 수 있게 됐다. 거주환경이 좋지 않거나 기존에 조건부 재건축 판정을 받았던 노후 단지들도 안전진단을

내 집부터 투자까지, 내가 '살' 그 집

재건축 안전진단 규제완화

구분	구조 안정성	주거 환경	설비 노후도	비용 편익
변경 전	50%	15%	25%	10%
변경 후	30%	30%	30%	10%
점수	30점 이하	30~45점	45~55점	55점 초과
변경 전	재건축	조건부 재건축	조건부 재건축	유지보수
변경 후	재건축	재건축	조건부 재건축	유지보수

통과할 수 있게 된 것이다.

또 1차 정밀안전진단에서 D 이하 등급을 받은 경우 의무적으로 받아야 했던 공공기관 적정성 검토(2차 정밀안전진단)는 지자체의 별도 요구가 없으면 생략할 수 있게 됐다.

재건축 부담금 합리화

초과 이익	변경 전	~0.3억 원	0.3~0.5억 원	0.5~0.7억 원	0.7~0.9억 원	0.9~1.1억 원	1.1억 원~
초과 이익	변경 후	~1억 원	1~1.7억 원	1.7~2.4억 원	2.4~3.1억 원	3.1~3.8억 원	3.8억 원~
부과율		면제	10%	20%	30%	40%	50%

부담금 면제 금액은 기존 초과 이익 3,000만 원 이하에서 1억 원 이하로 상향 조정하고 부과율 결정의 기준이 되는 부과 구간도 기존 2,000만 원 단위에서 7,000만 원으로 확대됐다. 기존에는 초과 이익이 1억 1,000만 원을 초과하는 경우 50%가 부담금으로 부과됐지만, 이제는 3억 8,000만 원을 초과하는 경우 초과 이익의 50%가 부담금으로 부과되는 것이다.

기부채납에 대한 감면 인센티브도 도입된다. 기존에는 재건축조합이 용적률 인센티브를 받기 위해 공공임대, 공공분양 등을 건립해 공공에 매각하면 매각금액이 초과 이익에 포함돼 부담금이 늘어나 일부 조합은 용적률 인센티브를 포기하기도 했다. 이에 정부는 공공임대 및 공공분양 주택을 매각한 대금을 부담금 산정 시 초과 이익에서 제외하도록 했다.

이 밖에도 정부는 정비사업 기본·정비 계획을 동시에 처리해 절차를 단축시키고, 공사비 증액 문제로 불거지는 분쟁을 조정하고 최대 용적률을 한시적으로 추가 허용하는 등 재건축 촉진 방안을 잇따라 내놨다. 또한 재건축조합 설립 동의 요건을 전체 구분소유자의 75%에서 70%로 낮추고, 동별 2분의 1에서 3분의 1로 완화를 추진한다. 조합원 분양 공고 기한은 기존 사업시행계획 인가 이후 120일 내에서 90일로 줄이기로 했다.

정비사업 진행 절차

안전진단 → 정비구역 지정 → 추진위 구성 승인 → 조합설립 인가

준공 및 입주 ← 철거 및 착공 ← 관리처분 인가 ← 사업시행 인가

'학군·교통 모든 게 완벽, 새집만 되면'… 목동

목동 재건축은 서울 양천구 목동신시가지에 위치한 14개 단지를 대상으로 진행 중이다. 각 단지는 30년 이상 경과해 재건축 연한에 도달한 상태로, 약 5만 3,000여 가구 규모의 대규모 재건축이 계획되고 있다. 현재 1~14단지가 총 2만 6,935가구인 것을 고려하면 가구 수가 2배가량 늘어나는 셈이다.

목동은 강남구 대치동, 노원구 중계동과 함께 '서울 3대 학군지'로 분류돼 학부모 수요자들의 선호도가 언제나 높다. 또한 서울지하철 5호선, 2호선, 9호선 등이 통과해 대중교통 환경이 뛰어나고 공원 등 녹지도 잘 조성돼 있

목동신시가지 재건축 지형도
출처: NH투자증권

다. 게다가 서울에서 좀처럼 찾기 힘든 저층·저밀도 단지로 용적률이 낮아 일반분양 수익도 높을 것으로 기대된다.

목동 1~14단지는 모두 재건축사업 첫 관문인 안전진단을 통과한 상태다. 이 중 목동 1~7단지는 모든 단지가 정비계획을 수립하고 2025년 상반기에는 정비구역 지정까지 이뤄질 전망이다. 특히 사업 추진 속도가 가장 빠른 목동 6단지는 14개 단지 중 최초로 정비구역으로 지정돼 사업에 속도를 내고 있으며, 2025년 상반기에 조합을 설립해 본격적으로 사업에 들어간다는 계획이다.

2020년 정밀안전진단에서 최종 탈락했다가 규제완화 후 통과한 목동 9단지와 11단지는 신속통합기획 패스트트랙 신청을 위한 주민동의서를 징구하고 있으며 모두 50% 이상을 확보한 상태다. 6단지를 제외한 13개 단지 모두 자문과 입안 절차를 병행 추진할 수 있는 '신속통합기획 자문 방식'으로 정비계획 수립을 진행하고 있어 단지별 정비구역 결정이 가속화될 것으로 예상된다.

반포동과 잠원동을 통틀어 일컫는 반포권역에는 재건축사업이 완료된 신축, 준신축과 재건축 예정인 단지가 공존하고 있다. 2016년 한강변에 신반포 1차를 재건축한 아크로 리버파크가 들어서면서 우리나라 최고의 아파트촌으로 이름을 알리기 시작했고, 이어 래미안 원베일리 입주로 위상은 더욱 공고해졌다.

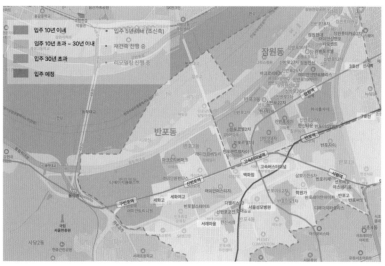

반포 권역 아파트 단지별 현황도
출처: NH투자증권

반포권역은 한강과 인접해 생활환경이 쾌적하고 강북 도심권역으로의 연결성이 뛰어나다. 또한 서울고속터미널, 지하철 3·7·9호선 등 대중교통이 편리하고 강남 8학군에 속해 있다. 2024년 입주한 래미안 원펜타스와 래미안 원베일리가 우리나라 아파트 최고가 시세를 선도하는 가운데, 현재 재건축을 추진 중인 단지들의 입주까지 완료되면 반포권역의 위상은 정점에 이를 전망이다.

신반포4지구를 재건축한 메이플 자이와 반포주공 1단지 3주구를 재건축한 래미안 트리니원은 각각 2025년, 2026년 중순 입주를 앞두고 있다. 반포주공 1단지 1·2·4주구를 재건축하는 디에이치클래스트는 최근 착공에 돌입했으며 2027년 준공이 목표다. 이곳은 일반분양 물량만 2,450세대에 달해 수요자들의 관심이 특히 뜨거울 것으로 보인다.

반포미도1차, 신반포2차, 신반포4차는 49층 정비계획이 도시계획위원회에서 가결돼 최고급 주거단지로 탈바꿈을 준비하고 있다. 신반포12차와 신반포16차는 시공사 선정까지 마치며 사업시행계획 인가를 받았고 통합 재건축을 추진하는 신반포19차와 신반포25차는 조합설립 인가를 받았다.

'한산한 전통 부촌, 최고급 아파트 단지로 재탄생'… 방배

1980년대 개발된 방배동은 대형 평수 위주의 고급 단독주택과 연립주택이 밀집한 전통적인 부촌으로 손꼽혀온 가운데, 이제는 하이엔드 브랜드가

방배동 재건축 지형도
출처: NH투자증권

적용된 최고급 아파트 단지로 변신을 준비하고 있다.

강남 업무지구와 인접한 입지와 우수한 학군이 강점인 방배는 녹지공간과 더불어 생활·문화 인프라도 풍부하다. 아파트가 아닌 단독주택 재건축 사업장이 많아 사업성이 좋고, 거주자(조합원)들의 소득 수준도 비교적 높아 사업들이 큰 변수 없이 원활하게 진행될 것이란 기대도 크다.

현재 방배동 일대 주요 재건축 사업장 중에서 속도가 가장 빠른 곳은 방배6구역을 재건축하는 래미안 원페를라로, 2025년 10월 입주 예정이다. 이어 디에이치 방배와 방배 삼익을 재건축한 아크로 리츠카운티도 같은 해 입주를 목표로 하고 있다. 방배13구역과 14구역은 2028년 입주를 목표로 공사가 진행 중이며 방배13구역을 재건축한 방배포레스트자이와 방배14구역을 재건축한 방배르엘은 첫 삽을 뜰 준비를 하고 있다. 방배15구역과 방배7구역은 조합설립 인가를 받고 시공사 선정에 나섰다.

아파트 재건축에도 속도가 붙고 있다. 방배 삼익을 재건축한 아크로리츠카운티는 2025년 내 공사를 마치고 입주를 개시할 예정이며, 방배 신동아아파트를 재건축한 오티에르 방배는 철거를 마쳤다. 이 외에 단일 아파트를 재건축하는 방배 삼호·신삼호 등도 재건축을 추진하고 있다.

'반백 년 노후 아파트 설움 딛고 새 시대로'… 여의도

여의도 아파트 단지들은 준공 40~50년 차로 노후화가 극심하다. 그동안 각종 규제에 발이 묶여 재건축사업이 제자리걸음이었지만, 2023년 5월 서울시가 각종 높이규제 폐지를 골자로 한 '여의도 금융 중심 지구단위계획안'을 내놓으면서 각 단지는 본격적으로 사업에 속도를 내기 시작했다.

서울 최중심부에 위치한 여의도는 서울지하철 5호선, 9호선이 지나가고 다양한 버스노선이 교차하는 교통 요지다. 또한 한강 조망이 가능한 단지들이 많고 여의도공원, 한강공원 등 대형 녹지공간이 가까워 생활환경이 우수

여의도 아파트 단지 지형도
출처: NH투자증권

한 가운데 여의도 금융지구에서 근무하는 고소득 금융업계 종사자들의 수요가 집중될 전망이다.

현재 여의도에서는 준공 50년이 넘은 아파트 10곳이 동시다발적으로 재건축을 추진하고 있으며 이 중 7곳은 조합설립까지 완료했다. 가장 속도가 빠른 곳은 여의도 공작아파트로 대우건설을 시공사로 선정했고, 뒤이어 대교아파트가 시공사 선정 단계에 돌입하며 주요 건설사들이 수주전을 벌이고 있다. 여의도에서 가장 오래된 아파트인 시범아파트는 한때 '여의도 통개발' 논란 등으로 사업이 표류했지만 2022년 신속통합기획 1호 재건축 단지로 지정되며 사업에 물꼬를 텄다.

아울러 광장아파트가 2023년 10월 안전진단을 통과해 조합을 설립했고, 금융중심지구에 속한 삼부아파트도 초고층 재건축을 추진하고 있다. 이 밖에 수정아파트, 미성아파트 등도 재건축추진위원회를 꾸리고 사업을 추진 중이다.

'언젠간 강남도 뛰어넘는다'… 한남뉴타운

'단군 이래 최대 재개발사업지'로 불리는 '한남재정비촉진지구(이하 한남뉴타운)'엔 용산구 한강과 인접한 금싸라기 땅에 1만 2,000여 가구의 미니신도시급 뉴타운이 들어설 예정이다. 한남동 나인원한남이 220억 원에 거래되며 공동주택 역대 최고가를 경신하는 등 미래가치가 높은 곳으로 평가되는 가운데, 부동산 시장에서는 향후 강남 핵심지의 가치를 능가할 유력한 후보지로도 거론된다.

한남뉴타운 사업 지형도
출처: NH투자증권

한남뉴타운 구역은 총 5구역으로 나뉜 가운데, 재정비촉진구역에서 해제된 1구역을 제외하고 2~5구역에서 재개발이 진행되고 있다. 사업 속도가 가장 빠르고 규모도 큰 한남3구역은 97개 동 총 6,006가구 규모의 디에이치한남 단지로 재탄생하며 2029년 입주가 이뤄질 예정이다.

한남2구역은 시공사 선정까지 완료했으나 고도제한 완화 문제를 놓고 사

내 집부터 투자까지, 내가 '살' 그 집

업이 주춤한 상황이다. 2구역은 건축물 최고 높이와 층수가 각각 45m와 14층으로 제한된다. 대우건설은 2구역 시공사로 선정될 당시 고도제한을 118m로 풀어 최고 층수를 21층으로 올리겠다고 공약했지만 실제 가능성은 불투명한 상황이다. 이에 조합은 공약 이행 여부에 따라 시공권 유지 여부를 결정한다는 방침이다.

한남5구역은 변전소 이전 문제를 놓고 사업이 주춤했지만 한국전력과 변전소 이전에 합의하면서 큰 고비를 넘기고 시공사 선정 절차에 돌입했다. 한남뉴타운에서 가장 사업성이 좋다고 평가받는 한남4구역 역시 조합설립 후 우여곡절을 겪다 비로소 시공사 선정에 나서며 사업에 본격적으로 속도를 내고 있다.

비아파트

빌라·오피스텔 투자해도 될까?

침체했던 빌라 시장이 살아날 조짐을 보이고 있다. 향후 아파트 청약을 노리는 실거주자에게는 '전세 사기' 우려 없이 세제 혜택은 물론 빌라 차익까지 노릴 수 있게 될 전망이다. 이르면 2024년 연말부터는 공시가 5억 원 이하 빌라 1채를 소유해도 청약 때 무주택자로 인정해주기 때문이다. 공시가 5억 원 이하 빌라의 시세가 7억~8억 원대인 것을 감안하면 고급 빌라를 제외한 대부분 빌라가 포함된다는 이야기다. 다만 환금성이 아파트보다 낮은 빌라 특성상 세밀한 분석이 요구된다. 재개발을 노리는 투자자들은 공사비 급증 영향으로 인해 역시 사업장별로 선별 접근이 요구된다.

공시가격 5억 원 이하 빌라, 무주택 인정

국토교통부(국토부)는 청약 때 무주택으로 간주하는 비(非)아파트 범위를 확대하는 내용을 담은 '주택공급에관한규칙' 개정안을 9월 입법 예고했다. 비아파트에는 빌라로 통칭하는 다세대, 다가구, 연립주택, 단독주택, 도시형 생활주택 등이 포함된다.

개정안에 따르면 수도권에서 전용면적 85m^2 이하, 공시가격은 5억 원 이하인 빌라 1채를 보유해도 무주택자로 아파트 1순위 청약을 신청할 수 있다. 지금은 전용면적 60m^2 이하, 공시가격 1억 6,000만 원 이하일 경우에만 인정됐다. 침체한 빌라 시장을 활성화하기 위해 무주택 기준을 대폭 완화한 것이다. 지방도 전용 85m^2 이하, 공시가격 3억 원 이하로 기준이 완화된다. 국토부는 법제 심사를 거쳐 2024년 안에 개정안을 시행한다는 계획이다.

통상 공시가격 5억 원 빌라의 수도권 시세가 7억~8억 원이라는 걸 감안하면 앞으로 빌라 1채만 소유하고 있다면 무주택으로 인정받으며 1순위 청약이 가능해지는 것이다. 입주자 모집 공고일 시점의 공시가격으로 무주택 여부를 가리기 때문에 입주 시점에 공시가격이 올라도 당첨에는 지장을 주지 않는다. 이렇게 되면 인기 지역 분양 아파트의 청약 경쟁률이 지금보다 더 높아질 수 있다. 그러나 청약 시장 판도를 크게 흔들기는 어려울 것이라는 전망도 나온다.

빌라(연립·다세대 주택) 시장도 살아날 기미를 보이고 있다. 한국부동산원 자료에 따르면 2024년 7월 서울 지역 공동주택 실거래가지수는 전달보다 2.59% 올랐다. 2021년 1월(2.59%) 이후 가장 큰 상승 폭이다.

주택 유형별로 보면 빌라 실거래가지수가 2.68% 오르면서 아파트 상승률(2.23%)을 웃돌았다. 빌라 상승률은 2020년 6월(2.74%) 이후 4년여 만에 가장 높았다. 2024년 7월 서울 빌라 거래량(신고일 기준)은 1만 2,783건으로 2021년 5월(1만 3,135건) 이후 가장 많았다. 2023년 12월(4,073건)과 비교하면 3배를 넘는 수준이다.

재개발을 노리고 투자하는 경우에는 더욱 신중을 기할 필요가 있다. 서울과 수도권 재개발 예정 구역 소형 빌라나 다세대, 다가구주택 투자가 늘어날 것으로 점쳐지지만 최근 건축비 급상승으로 수익성이 크지 않아 사업장별로 선별 접근하는 게 필요할 것이다. 재개발 가능성이 없는 곳은 정부 대책에도 크게 활성화되기는 어려울 전망이다. 빌라 시장도 미래에 아파트 단지로 바뀔지에 따라 엇갈리는 양극화 현상이 심해질 것이라는 얘기다.

대표적인 서울의 재개발 추진 브랜드는 '모아타운'이다. 2024년 7월 말 기준 서울 25개 자치구 내 모아타운 대상지는 총 89개소다. 사업 단계별로 보면 관리계획 승인 고시를 받은 곳은 38곳, 관리계획 수립 단계는 39곳, 대상지 선정만 이뤄진 곳은 10곳, 지자체 검토 중인 곳이 1곳 등으로 집계됐다.

오세훈 서울시장이 2022년 도입한 모아타운은 사업성이 떨어져 민간 재개발 추진이 어려운 도심 내 소규모 노후·저층 주거지를 블록 단위로 한데 모아서 아파트 단지처럼 정비하는 사업 모델이다. 모아타운으로 지정되면 용도지역 상향, 용적률 완화, 인허가 단축 등 각종 인센티브도 받을 수 있다.

이 같은 장점에도 지난 3년간 뚜렷한 성과를 내지 못했다. 전세 사기 여파로 빌라 시장이 한껏 움츠러든데다 모아타운을 둘러싼 주민 찬반으로 몸살을 겪는 곳들이 많았다. 지분 쪼개기 방식 등을 통해 단기간 시세차익을 노리고 유입된 투기세력도 말썽이었다.

하지만 최근 비아파트 시장 매수심리가 회복되면서 일부 모아타운도 탄력을 받을 것으로 예상된다. 다만 분담금 부담이 크게 늘어날 것을 염려하는 주민들도 적지 않은 게 현실이다. 거꾸로 분담금을 감당할 만한 지역 빌라를 매수해야 한다는 이야기이기도 하다.

서울시 은평구의 빌라 밀집 지역

내 집부터 투자까지, 내가 '살' 그 집

비아파트 시장 중 오피스텔은 어떨까. 아파트값 급등으로 인해 오피스텔로 수요가 다시 쏠리고 있는 것으로 보인다. 한국부동산원에 따르면 2024년 9월 기준 서울 오피스텔 매매 가격이 2년 만에 상승 전환했다. 2022년 8월 이후 23개월 연속 하락하던 숫자가 2024년 7월 보합을 기록한 뒤 9월 0.03%(전달 대비) 상승한 것이다. 면적별로 보면 전용면적 40m² 이하와 40~60m²는 각각 0.03%, 60~85m²는 0.02% 올라 소형 오피스텔 위주로 가격이 오른 것으로 나타났다.

부동산원 관계자는 "아파트 가격 상승이 지속됨에 따라 교통 여건이 편리한 역세권을 중심으로 오피스텔 수요가 증가하며 상승 전환했다"고 설명했다.

오피스텔 매매거래량도 늘었다. 부동산플래닛이 발표한 전국 부동산 유형별 매매 시장 동향 보고서에 따르면 2024년 6월 오피스텔 매매거래량은 3,042실로, 전달 대비 7.4%, 1년 전 대비 19.1% 상승했다. 아파트 제외 주택과 상업·업무용, 토지, 공장·창고 등이 하락세를 보인 것과 상반된다.

오피스텔 월세가격지수도 상승세다. 한국부동산원의 2024년 7월 오피스텔 월세가격지수는 한 달 전 대비 0.1% 올라 100.58을 기록했다. 이는 2018년 1월 첫 통계 작성 이래 최고 수준이다. 2024년 7월 오피스텔 수익률도 5.36%로 올랐다. 2020년 6월 이후 3년 만에 수익률 5%를 첫 돌파한 2023년 11월 이후 9개월 연속 5%대를 유지하고 있다.

오피스텔 시장에선 서울 아파트값이 급등하면서 상대적으로 저렴한 오피스텔을 찾는 수요가 증가했다는 분석이 나온다. 오피스텔은 실거주보다 임대 수익이 목적인 투자상품 성격이 뚜렷하지만 최근 실거주 목적의 아파트 대체재로 찾는 수요가 늘어나고 있다는 것이다.

비아파트 시장의 또 다른 호재는 금리인하다. 미국 연방준비제도(Fed·연준)가 2024년 9월 '빅컷(0.50%포인트 금리인하)'을 단행했기 때문이다. 전문가들은 미국의 금리인하 개시가 매수심리를 다시 자극할 가능성이 높다고 내다봤다. 고준석 연세대 상남경영원 교수는 "미국의 금리인하는 지금 당장 주택담보대출 금리가 떨어지지 않더라도 수요자에게 앞으로 금리가 내려갈 것이란 확실한 시그널을 준 것"이라고 진단했다.

오피스텔 등 수익형 부동산 시장 역시 회복될 것이란 기대가 나오는 이유다. 김효선 농협은행 부동산 수석위원은 "낮은 대출금리로 은행 예금이나 채권과 같은 안전자산의 수익률이 떨어지면서 부동산 투자 수요가 커질 수 있다"며 "좋은 입지의 상가와 빌딩 가격이 오를 것"으로 내다봤다.

전세 사기 예방 위해선…

비아파트 시장에서 가장 문제가 됐던 전세 사기를 막기 위해서는 계약 전 8가지를 확인해야 한다. 먼저 적정 전세 가격을 확인해야 한다. 서울시를 기준으로는 서울부동산정보광장에서 온라인 신청을 하는 등 지자체별로 전세 사기 방지 관련 부서를 이용하는 게 좋다.

이어 전세가율을 확인해야 한다. 통상 80% 초과 시 위험 물건으로 본다. 등기부등본을 확인하면 △ 임차주택의 근저당 등 과다한 대출 여부 △ 압류, 처분금지 등 권리 제한 사항 여부 △ 임차주택의 신탁등기 여부/신탁원부 내용을 알아볼 수 있다.

건축물대장도 확인해야 한다. 이를 통해 무허가, 불법 건축물 등록 및 주택용도 여부 확인이 가능하다. 만약 건축물대장에 '근린생활시설'이 있다면 주택이 아니다. 주거용 건축물이 맞는지 꼭 확인해야 한다.

임대인 체납세금 등도 알아봐야 한다. 임대인이 미납한 국세가 있을 경우 경매나 공매 등으로 건물이 처분되면 임차보증금을 돌려받지 못할 수 있기

내 집부터 투자까지, 내가 '살' 그 집

때문이다. 임대인 미납국세열람 신청을 통해 체납 부분을 확인할 수 있다.

신청 시기는 임대차계약 전 또는 임대차 계약일~임대차 기간 시작일까지다. 신청 방법은 열람신청서, 신분증, 임대차계약서 등을 지참해 전국 세무서 방문 후 열람 신청을 하면 된다. 임차보증금 1,000만 원 초과 시에는 임대차계약 체결 후 임대인 동의 없이 열람 가능하다. 임대차계약 전이거나 보증금 1,000만 원 이하 계약은 동의가 필요하다.

그 다음에는 공인중개사 및 집주인을 확인해야 한다. 개업한 공인중개사가 자격 등록 후 정상영업 중인지 확인해야 한다. 이는 공인중개사협회에서 확인 가능하다. 계약 당사자가 등기부등본, 건축물대장상 소유자와 동일한지 신분 확인도 필요하다.

지역 내 다수의 중개업소에 등록돼 있는지 확인하는 것도 추천한다. 마지막으로 주택도시보증공사(HUG) 등 보증 신청 가능 여부를 확인하면 전세사기 우려를 덜 수 있다.

지주택

지주택은 여전히 '지옥주택'?

'이중 분양' 사기에 가담한 광주시의 한 아파트 분양업체 관계자들과 이를 눈감아준 지역주택조합(지주택) 조합장이 징역형을 선고받았다. 아파트 분양업자 A씨는 광주 동구 지산동 지주택 조합원 모집 대행을 맡을 업체 본부장으로, 추진위원장 등이 가담한 이중 분양 사기에 가담한 혐의로 기소돼 징역 6년형을 선고받았다. A씨는 계약서상에 명시된 신탁회사 계좌가 아닌 조합추진위 계좌로 이중계약 사기 피해자들의 계약금을 받아 공범들에게 준 뒤 수수료를 받았다. 조합장인 B씨는 이중 분양 사실을 알고 있었으나 고발을 미루는 등 조치를 제대로 하지 않고, 다른 지주택 업무대행사 계

내 집부터 투자까지, 내가 '살' 그 집

약에도 관여해 청탁 대가로 3,000만 원을 받아 챙겼다. 또 조합장 직위를 이용해 자신의 아파트 매매 시 대금을 증액, 조합에 손해를 끼친 혐의 등이 적용돼 징역 1년 6개월과 3,000만 원 추징을 선고받았다.

경북 울산에서도 재개발사업 관련 업체로부터 금품을 받고 분양권까지 챙긴 지주택 조합장 C씨가 징역 3년 6개월과 벌금 6,000만 원을 선고받고, 5,400만 원의 추징 명령도 함께 받았다. C씨에게 금품을 제공한 사업 정비 업체 운영자 역시 징역 3년에 집행유예 5년, 벌금 6,000만 원을 선고받았다. 이들은 2004년부터 울산의 한 주택재개발사업을 추진하면서 특정 건설사에 수의계약 방식으로 160억 원 규모의 초등학교 신축공사를 맡기고 시공사로부터 입찰 보증금 명목으로 3억 원 상당을 챙긴 혐의도 받는다. 다행히 조합장 해임 이후에도 해당 사업이 정상 추진돼 입주까지 마치긴 했지만, 업무를 투명하게 처리할 책무가 있음에도 지위를 이용해 범행을 저지른 것이다.

조합장, 대행사 등 사기·횡령 판치는 지옥주택 오명

4,000여 건. 불과 2023년 한 해 동안 발생한 지주택 관련 판결문 숫자다. 이는 최근 5년 내 최다 수준으로, 위 사례와 같이 이중 분양과 뇌물수수 등을 포함한 지주택 관련 피해 사례가 매년 증가하고 있다. 지주택과 관련된 법정 분쟁(법원 판결문 내 지주택 언급)은 △ 2019년 1,621건 △ 2020년 2,346건 △ 2021년 2,723건 △ 2022년 3,083건 △ 2023년 3,786건으로 매해 큰 폭으로 증가해왔다. 이는 '대법원 판결서 열람 시스템'에서 지주택이 언급된 확정판결 기준 수치이기 때문에 아직 민형사 소송이 진행 중이거나 피해 사실이 인지조차 되지 않은 것까지 포함한다면 실제 피해 규모는 더 클 것으로 추측된다.

지주택이란 일정 지역에 거주하는 다수의 구성원이 주택을 마련하기 위해 결성하는 조합이다. 무주택이거나 주거 전용면적 85m^2 이하 1채 소유자인 세대주의 내 집 마련을 위해 일정한 자격요건을 갖춘 조합원에게 청약통장 가입 여부와 관계없이 주택을 공급하는 제도다. 사업 전 토지 등 소유자의 동의를 받아 부지를 매입하고, 토지가 확보되면 아파트 등 공동주택을 건설하는 방식이다. 그러나 실제로 투자를 위해 해당 사업에 투자하는 사람들의 입장에선 토지 확보가 어느 정도 이루어졌는지 알기 어렵다.

또 지주택은 땅을 확보한 뒤 사업이 시작되는 일반 아파트의 재개발, 재건축과 달리 소유권이 확보되지 않은 상태에서 사업을 계획하고 조합원을 모집해 이들로부터 조달한 자금을 바탕으로 대지 소유권을 취득, 사업계획 승인을 받아 주택을 건설하기 때문에 사업이 무산되거나 장기화될 경우 그 책임과 피해는 일반 조합원들에게 그대로 돌아갈 수밖에 없다.

실제로 2015년 수도권의 한 지주택 업무대행사는 '토지 80% 확보·국내 톱 건설사 브랜드'란 문구로 투자자들을 모집했지만, 토지권원 80% 확보는 거짓이었고 당연히 시행사로 참여한 건설사도 없었다. 대행사 대표는 조합원으로 지주택사업에 투자한 이들의 돈 수억 원을 사업비 명목으로 지출했

지주택과 재개발·재건축의 차이

지역주택조합	구분	재개발·재건축(일반 아파트 청약)
토지 없이 시작	토지 확보 여부	토지 확보 후 시작
조합(원) ※ 등록사업자와 공동 시행	사업 주체	건설사, 부동산개발업자 등 시행사
조합설립 인가 전 ※ 조합설립 인가 후 사업계획 승인 신청 전까지 추가 모집 가능	조합원(입주자) 모집 시기	사업계획 승인 및 착공 후
불확정	준공(입주) 시기	입주자 모집 시 확정 ※ 2년 6개월~3년 정도 소요
9개 광역생활권에 6개월 이상 거주하고 있는 무주택 또는 85m² 이하 주택 1채를 소유한 세대주	조합원(입주자) 자격	자격요건 없음 ※ 청약통장 가입 여부 등에 따라 입주자 선정 우선순위 부여 가능

지만, 알고 보니 대부분 유흥주점에서 수백만 원을 쓰는 등 개인 용도로 유용한 것이었다. 이 사실이 밝혀지면서 대행사 대표는 징역 2년의 실형을 받았지만 사업은 착공조차 하지 못한 상태라 조합원들의 피해 구제는 막연한 상황이다.

이런 지주택사업은 일반 분양 아파트에 비해 평균 20% 정도 저렴한 가격으로 내 집을 마련할 수 있다는 장점에도 불구하고, 착공과 분양까지 성공률이 10%대 수준에 그치며 '원수에게 권한다', '지옥주택'이라는 수식어가 붙기도 했다.

공급 통제, 대출 규제 등에 풍선효과로 늘어난 지주택

전문가들은 지주택 피해가 크게 증가한 것은 2010년대 중반 공공택지 주택 공급물량이 크게 줄어들고, 정부의 부동산 대책으로 규제가 강해지면서 지주택 방식의 개발이 성행했기 때문이라고 분석했다. 지주택사업지가 많아질수록 제도를 악용한 사례가 늘면서 그간 쌓였던 분쟁이 시차를 두고 터져 나오는 과정이란 것이다.

부동산업계에선 지주택사업 확대 원인 중 하나로 2014년 택지개발촉진법의 한시적 폐지를 지적한다. 당시 택지개발촉진법이 한시적으로 폐지되면서 2015~2017년 공공택지 지정이 중단됐고, 그에 따른 주택공급 축소 현상이 이어지다 보니 지주택이라는 제도를 활용해 주택공급 사업을 하려는 주체들이 늘었단 것이다. 또 정부가 2016년 8월 부동산 대책을 발표하면서 프로젝트파이낸싱(PF) 보증심사를 강화해 건설사로 흘러 들어가던 자금이 막혔고, 토지 매입이 어려워지면서 일반 아파트 분양도 감소했다.

정부는 2016년 8월 급증하는 가계부채를 관리하겠다며 주택공급부터 집단대출(중도금 대출), 가계소득에 이르는 종합적인 관리 방안을 발표했다. 특히 가계부채 대책으로 처음 '주택공급 관리'에 대한 방안이 포함됐다. 가계부채를 근본적으로 해결하려면 주택공급 시장에 대한 안정적인 관리가 필요하다고 보고, 적정 수준의 주택공급을 유도하기 위해 택지 매입 단계에서부터 사전 공급 관리를 강화한다는 방침이었다.

당시 발표된 규제 내용을 구체적으로 살펴보면 정부는 한국토지주택공사(LH)의 공공택지 공급 물량을 2015년 12만 8,000호에서 2016년 7만 5,000호로 58% 수준으로 감축하고, 2017년 물량도 수급 여건 등을 고려해 추가 감축하겠다고 발표했다. 또 대출 측면에선 사업성 평가, 리스크관리 등 금융기관 PF 대출 취급 시에는 심사를 강화했다. 2016년 3분기부터 금융감독원 실태조사 결과 경기변동 등 리스크에 취약한 사업장에 대해서는 보수적 건전성 분류 유도 등 관리 방안을 마련하는 방침이 포함됐다. 이렇게 정부가 주택공급과 대출을 한 번에 조이면서 지주택 시장으로 부정적인 풍선효과가 발생한 것이다.

김예림 법무법인 심목 대표변호사는 "최근 몇 년간 지주택 피해가 크게 증가한 것은 그 기간 사업이 새로 시작된 곳이 크게 늘었다기보단 과거 지주택 성행 시기 우후죽순 늘어났던 사업지의 추진이 지지부진 이어지다 뒤늦게 문제가 발생했기 때문으로 보인다"고 말했다.

사업은 지지부진, 금융비 부담과 자금난에 조합 파산도

지주택은 조합장 등 운영진과 관련 업체들의 사기·횡령 등에 의한 피해가 발생하지 않더라도 사업 여건이 좋지 못해 파산하는 사례도 많다. 법원 파산 사건 공고 데이터상 전국 지주택조합 파산은 2020년과 2021년 1건씩에 불과했지만, 2023년엔 6건으로 급증했다. 사업성이 비교적 좋다는 서울에서도 동작구, 관악구 등에서 지주택 파산 사례가 나왔다. 고금리에 따른 금융비용 상승, PF 대출 거절 등으로 자금 조달이 어려워진 것이 주요했는데, 토지주가 사업 주체인 재건축·재개발과 달리 토지담보대출을 통해 토지부터 확보해야 하는 지주택 특성상 자금난에 훨씬 취약하다.

또 사업계획 승인 조건(토지 95% 이상 소유) 등을 맞추기 어렵고, 최대 수십 년에 이르는 사업 기간 때문에 땅값과 공사비가 매년 오르면서 추가 분담금이 눈덩이처럼 불어나는 사례도 많다.

이 같은 이유로 최근 지주택조합 탈퇴나 민사소송을 알아보는 사람들도 늘고 있다. 경기권에 거주하는 주부 김모씨는 "학부모 모임에서 알게 된 지인이 5,000만 원을 내고 지주택조합에 가입하면 1년 안에 아파트를 받을 수 있다고 해서 가입했지만, 15개월이 지난 지금도 사업은 시작도 못 했고 탈퇴한다고 했지만 가입 당시 낸 돈은 환급이 안 된다고 했다"면서 "지주택조합 탈퇴와 자금 반환을 위해서 변호사를 수소문 중에 있다"고 말했다.

또 힘들게 민사 소송에서 승소해 지주택조합에서는 탈퇴했지만, 조합으로부터 납입금을 곧바로 돌려받는 경우도 드물다. 지주택 등 부동산 관련 소송을 여러 건 진행한 한 변호사는 "지주택조합에서 탈퇴하고자 한다면 조합 가입 계약 취소나 해지를 이유로 납입 분담금 반환 소송을 진행해야 하는데, 승소를 한다고 해도 조합에서 돈을 순순히 돌려주는 경우는 거의 없다"면서 "만약 조합 명의의 재산이 남아 있는 경우엔 소송을 시작할 때부터 해당 재산에 가압류를 걸고 강제경매신청을 진행해야 하지만 조합 명의의 재산이 없거나 이미 탕진해버린 경우 이마저 어려울 수 있다"고 말했다.

전문가들은 지주택 피해를 최소화하기 위해서는 지주택조합 가입 전 사업 성공 가능성을 꼼꼼히 따져보고, 신중하게 결정하되 가입 시에도 '안심보장증서' 등을 통해 탈퇴와 납입금 반환 경우를 대비해야 한다고 조언한다. 대법원 판례 중에도 지주택추진위원회로부터 '약정한 날까지 사업계획이 승인되지 않는 경우 납부한 전액의 환불을 보장한다'는 취지의 안심보장증서를 받고 조합원 가입 계약을 체결한 경우 환불 보장 약정에 따라 조합원 가입 계약이 무효가 될 수 있다고 본 사례가 존재한다.

땅도 돈도 없이 시작, 고비마다 난항

지주택은 처음부터 땅과 돈 없이 집을 짓겠다는 기대로 시작한다. 땅과 돈이 있어도 버거워하는 재건축·재개발사업보다 난도가 훨씬 높을 수밖에 없다. 사업 단계마다 탈이 날 수밖에 없다는 것이 지주택사업의 태생적 한계로 지적된다.

부동산 개발업계에 따르면 지주택조합을 설립하려면 사업부지 토지사용권원 80%(혹은 토지소유권 15%)를 확보해야 한다. 토지사용권원은 토지 소유자로부터 받은 토지사용승낙서를 의미한다. 조합이 설립된 이후 사업계획

지주택사업 절차
출처: 서울시 홈페이지

내 집부터 투자까지, 내가 '살' 그 집

승인을 받으려면 주택 건설 대지의 95% 이상 토지소유권을 확보해야 한다.

이 때문에 토지 확보 작업은 지주택사업의 전부로 꼽힌다. 우선 사업지 일대에 터를 잡아 살아온 이들이 땅을 팔고 떠나달라는 요구에 응하기란 어려운 게 현실이다. 정비사업(재건축·재개발)처럼 토지 소유주가 조합원이 되면 수월할 텐데, 여의찮다. 지주택조합원 요건은 크게 대상지 △ 세대주 △ 무주택자(85m² 이하 1채는 가능) △ 6개월 이상 거주자(투기과열지구는 1년)이다. 무주택자 요건이 상당수 결격사유로 작용한다. 애초 토지 사용을 승낙했던 이들도 훗날 마음을 바꾸거나, 매매가격을 높게 부르는 것도 변수다. 이른바 '알박기'다.

서울 성동구 성수동 서울숲 트리마제는 '토지가 전부'라는 걸 보여주는 사례다. 애초 2004년 설립한 성수1지역주택조합은 90% 넘게 토지를 확보했다가 나머지를 못 채우고 좌절했다. 알박기 영향이 컸다. 결국 조합원은 투자금과 분양권을 모두 잃었다. 이후 두산중공업이 해당 토지를 매입해 트리마제를 준공했다.

이 사건 이후 소수(알박기) 탓에 다수(조합원)의 이익이 침해받는 구조가 개선됐다. 토지소유권 95%를 확보하면 나머지를 수용(주택법 22조 매도청구권)할 수 있다. 그러나 법과 현실은 괴리가 있다. 매도청구는 상대방 토지를 '시가'로 매수하는 것인데, 시가가 얼마인지가 분쟁 대상이다.

김경식법률사무소 심재 변호사는 "토지사용권한과 토지 시가 감정 결과 탓에 조합과 토지주 사이 소송이 벌어지기 일쑤"라며 "재판으로 가면 결과가 나오기까지 수년이 흐르기 때문에 그만큼 지주택 사업성은 악화된다"고 말했다.

토지주를 설득하는 제일의 방법은 '값을 후하게 쳐주는 것'이다. 토지를 매입하기 위한 '실탄(사업비)'이 필요하다는 의미다. 초기 사업비는 조합원을 모집해 갹출 받은 투자비가 주요 재원이다. 토지권원 과반을 확보한 때부터 조합원 모집이 이뤄진다. 투자금은 예상 분담금의 10%(계약금) 정도와 별도로 업무추진비가 붙어서 계산된다.

이렇게 모인 투자금이 오롯이 토지 매입에 쓰이지 않아서 문제다. 우선 업무대행사가 초기 지출(투자)한 비용을 먼저 회수(수수료)하고, 회사 운영비와 인건비 등을 사업비로 충당한다. 각종 비용을 제외하면 토지를 사들일 자금 여력이 달릴 수밖에 없다.

지주택사업에 밝은 부동산업계 관계자는 "예상 분양가가 8억 원이라면 가입비 8,000만 원과 업무추진비 2,000만 원 내외를 포함해 1억 원 정도가 초기 투자 비용"이라며 "여기서 토지 매입에 쓰이는 비중은 3분의 1도 안 된다"고 했다.

기본적으로 고비용일 수밖에 없는 지주택 구조도 타격이 크다. 예컨대 대부분 지주택은 부동산신탁회사에 사업비를 맡겨 자금 운용을 위탁한다. 자금을 투명하게 운용하고 있다는 홍보 성격이 크다. 여기서 발생하는 신탁 수수료는 일반 정비사업과 비교해 '몇 배 비싸다'는 게 업계 전언이다. 조합원 돈을 써서 또 다른 조합원의 신뢰를 사는 것이다. 신탁업계의 한 관계자는 "사실상 지주택은 신탁사를 얼굴마담으로 세워서 조합원을 모집하려는 것이고, 신탁사로서는 리스크가 큰 사업에 이름을 빌려주기에 프리미엄을 요구하는 것"이라고 설명했다.

사업비를 늘리려면 기존 조합원의 추가 분담금이 필요한데 부담이 늘어난 조합원은 사업에 회의적이게 되고, 조합 이탈과 조합비 환수를 둘러싼 갈등이 악순환처럼 뒤따른다. 이런 상황을 극복하고 사업을 끌고 가려면 신규 조합원을 더 모집해야 한다. 이런 과정에서 각종 무리수가 등장한다. 실제 계약을 체결하지도 않은 대형 건설사의 주택 브랜드를 무단으로 홍보에 활용하는 경우도 있다. 지방의 한 지주택조합은 시공사로 A 건설사를, 브랜드로 B 건설사를 각각 내세워 조합원을 모집했지만 허위광고였다. B 건설사 관계자는 "시공사 허위광고는 봤어도 브랜드까지 몰래 써서 조합원을 모집하는 건 처음 봤다"며 황당해했다.

지주택사업 진행 과정에서 급격히 오른 공사비로 인한 갈등도 곳곳에서 발생하고 있다. 지주택으로 개발된 경기도 광주시 탄벌4지구(탄벌스타힐스)는 2024년 8월 시공사인 서희건설이 공사비 갈등을 이유로 유치권 행사를 진행했다. 2019년 탄벌4지구 지주택조합 1블록과 탄벌지주택 2블록이 각각 416가구, 351가구로 사업승인을 받아 준공됐지만, 건설사와 조합이 체결한 계약서상 총 공사 도급 금액 중 일부가 미지급됐단 사유에서다.

지주택 성공 사례로 꼽히는 곳도 10년 더 걸려

'가뭄에 콩 나듯' 지주택 성공 사례가 나오긴 한다. 서울시 성동구 용답동 일원에 공급된 청계SK뷰는 성공 사례 중 하나로 꼽는다. 2023년 8월 분양한 청계SK뷰는 SK에코플랜트가 지하 5층~지상 최고 34층 3개 동 총 396가구 규모로 공급하는 단지로, 전용면적 59·84m² 108가구를 일반분양했다. 당시 총 57가구 모집에 1만 455명이 접수해 183대 1의 경쟁률을 보였고, 분양 이후 한 달 만에 100% 계약이 완료돼 성공적으로 사업을 마쳤다.

그러나 청계SK뷰가 사업 성공까지 걸린 시간은 장장 10년이 넘는다. 지난 2011년 추진위원회를 구성한 '청계지역주택조합'은 2014년 3월 조합설립 인가를 받지만 이후 시공사 선정과 사업 추진까지는 험난한 과정을 거쳤다. 2017년 당시 조합은 (주)한양을 시공예정사로 선정하고, 토지 매입을 위한 브릿지 대출을 실행했지만 시공계약이 해지되면서 사업이 미뤄졌다. 2018년엔 진흥기업과 현대엔지니어링을 시공예정사 후보로 결정했다고 했지만 진흥기업은 당시 워크아웃 절차를 밟고 있었다. 사업 진행 가능성이 없다고 판단한 조합원들은 조합 해임총회를 진행했다. 이후 김영재 조합장이 선출돼 사업을 이어갔지만, 자금난에 시달리며 겨우 대출을 연장해 추가 조합원을 모집

하고 토지를 매입할 수 있었다.

김영재 청계지역주택조합장은 "조합원이 일반분양과 같은 가격으로 주택을 분양받게 된 것을 어떻게 성공이라고 말할 수 있겠느냐"며 "개발 사업의 성패는 시간에 달려 있는데, 우리 사업은 예상보다 길어지면서 각종 비용이 늘어난 결과"라고 말했다. 이어 "그나마 착공하고 준공을 앞뒀으니 다른 지주택사업장보다는 사정이 나은 것"이라며 "성공한 게 아니라 실패하지 않은 사업장 정도로 봐야 할 것"이라고 말했다.

사업장이 2025년 8월 입주하게 되면 2011년 추진위를 구성한 지 14년 만이다. 당시만 해도 "4~5년이면 입주가 가능하다"는 말에 김 조합장도 2013년 조합원으로 참여했지만 예상보다 10년가량 더 걸렸다. 김 조합장은 "그나마 우리 사업장은 토지를 상당히 확보해둬서 이를 기반으로 사업비를 조달할 수 있었다"며 "토지를 감정평가할 당시 다행히도 부동산 경기가 좋아서 대출을 받을 수 있었는데 그러지 못했다면 사업을 지탱하기 어려웠을 것"이라고 말했다.

청계SK뷰는 사업지가 투지과열지구에서 해제돼 분양가 상한제를 비껴가고, 지금보다 낮은 금리와 공사비로 계약을 체결한 것도 행운이었다. 그는

지주택 성공 사례로 꼽히는 SK청계뷰 사업 일지

2011년	추진위원회 구성
2014년 3월	청계지역주택조합 설립 인가
2017년	시공예정사 한양 선정했지만 계약 해지
2018년 4~8월	조합 해임총회 발의
2019년 6월	신임 조합장 선출 / 대출 연장 및 추가 조합원 모집, 토지 매입 진행
2020년	시공사 선정 돌입, SK에코플랜트 시공사 계약
2023년 8월	분양
2023년 9월	100% 계약 완료

내 집부터 투자까지, 내가 '살' 그 집

"지금처럼 고금리에 부동산 경기까지 꺾인 상황에서 지주택은 성공하기 어렵다"며 "조합을 해산하고 남은 자산이라도 분배해 손해를 줄이는 게 현명할 수 있다"고 했다.

지주택 성공 사례를 만든 김 조합장 역시 지주택 투자에 신중해야 한다고 조언한다. 그는 "지주택으로 내 집 마련을 꿈꾸거든 토지를 95% 이상 확보한 사업장에 투자해야 한다"며 "이러면 피(프리미엄)를 부담해야 하겠지만 스트레스를 받아 몸이 상하는 것보다 낫다. 지주택은 절대 저렴하지 않다는 걸 명심해야 한다"고 덧붙였다.

앞으로는 더더욱 청계SK뷰와 같은 지주택 성공 사례가 나오기 어려울 것으로 전망된다. 고금리 장기화와 물가 상승 등으로 사업성이 보장된 곳이 아니라면 재건축 등 정비사업 수주도 축소하는 분위기에서 리스크가 큰 지주택에 뛰어들지 않을 가능성이 큰 데다가 조합이 토지 매입 등 사업비를 조달하기 쉬운 상황도 아니기 때문이다.

국내 대형 건설사 관계자는 "주택 경기가 호황도 아닌데다 공사비는 계속 오를 것이고 정부가 대출을 규제까지 하는 상황에서 지주택사업지와 선뜻 계약할 시공사가 있을까 싶다"면서 "최근 수도권을 중심으로 시장 개선이 나타나고 있다고 해도 수익성이 담보되지 않아서 아파트 재건축도 수주하지 않으려는 경향은 이어지고 있다"고 말했다.

사업 기간과 시공비 회수가 불투명한 지주택사업을 진행하고 있다는 것만으로도 다른 주택사업 시공사 선정에 부정적인 영향을 미치지 않을까 조심스러워하는 분위기다. 건설업계의 또 다른 관계자는 "지주택조합과 시공 예정사 업무협약(MOU)을 체결했는데, 이후 사업이 실패하면 이미지에 타격이 갈 수밖에 없다"면서 "재건축 수주 경쟁이 치열했던 2000년대엔 중견사들을 중심으로 지주택사업을 진행하는 케이스가 많았지만, 지금 같은 상황에서 그런 리스크를 감당할 이유는 없다"고 전했다.

규제 강도 약한 주택법에 의거해 피해 반복

지주택 관련 문제가 어제오늘 일이 아니다 보니 조합원들의 피해를 방지하기 위해 정부와 지방자치단체도 법안 일부 개정 등 제도개선을 위해 노력했지만 여전히 비슷한 피해 사례가 반복되는 상황이다.

지주택사업을 시작한 곳은 많지만 실제 사업에 진전이 있는 곳은 많지 않다. 사단법인 한국토지공법학회에서 2023년 2월 발표한 〈토지공법연구〉 제101집에 실린 '지역주택조합 설립 단계상의 실효적 개선 방안에 관한 연구' 논문에 따르면 단독주택 재건축사업이 2014년 8월 3일부로 폐지되고 이에 대한 대안 사업으로 지주택이 활성화되기 시작하면서 전국적으로 지주택을 진행하는 조합은 600여 곳(2000년~2022년 9월 기준)에 이르게 됐다. 가장 지주택이 많은 서울에서도 상황은 여의치 않다. 2024년 4월 기준으로 서울 시내 지주택 사업지 118곳 중 70%가 넘는 87곳이 지구단위계획까지도 이르지 못하고 '조합원 모집 신고' 단계에 멈춰 있을 정도다.

그럼에도 지주택 문제에 있어서 정부나 지자체가 선제적으로 개입하는 데는 제한이 있다. '주택법'에 의거한 지주택은 재건축·재개발조합과 달리 법인격을 부여하는 규정을 두고 있지 않고, 법원 판례 역시 공법인이 아닌 법인격이 없는 사단으로 보고 있어 사법이 우선 적용되는 상황이다. 이 때문에 공법인인 재건축·재개발조합에 비해 공적 규제가 약하고 피해자들에 대한 구제 수단도 제한적인 것이다. 재건축·재개발사업은 '도시환경정비법'에 의거한 것이기 때문에 정보공개, 총회 정족수 등 정비사업 조합에 부여된 의무 사항이 뒤따르고 어기면 형사처벌 대상이다. 이와 달리 지주택은 민간에 사업을 맡기는 구조라서 자율성이 보장된다. 지주택의 '깜깜이' 회계와 횡령·배임 비리는 자율성을 악용한 폐단으로 지목된다.

이 때문에 지주택 관련 잡음을 없애려면 지주택에 대한 지자체 재량권 인정, 업무대행사와 조합 견제 강화 등이 뒤따라야 한다는 지적이 나온다. 이에 서울시는 2024년 2월 지자체장이 직권으로 지주택조합 해산 권한을 가지도록 법을 고쳐줄 것을 국토교통부(국토부)에 건의했다. 주택법상 지주택 발기인은 일정 기간 조합설립이나 사업계획을 승인받지 못하면 총회를 거쳐 해산해야 한다. 그러나 실제로 의미 없이 사업을 연장하느라 비용을 지출해 투자자 피해를 유발한다. 이런 경우 지자체가 나서 조합을 해산시키면 조합원 피해를 줄일 수 있으니 권한을 강화해달라는 것이다.

현행법상 국토부 장관에게만 주어진 권한을 지자체장에게도 폭넓게 인정하자는 요구도 뒤따른다. 지자체 지주택 관계자는 "현재 업무대행 계약서 표준 양식은 국토부 장관만 제정할 수 있는데, 인허가권을 가진 구청장이 제정해 활용하면 될 것을 굳이 국토부 장관만 제정할 수 있도록 해둔 것인지 의문"이라고 했다.

업무대행사의 시장 진입 문턱을 높여야 한다는 요구도 있다. 주택법을 보면, 업무대행사의 자본금 기준은 법인이 5억 원 이상, 개인이 10억 원 이상(자산평가액)이다. 과거 업무대행사가 난립해 시장을 흐린다는 비판이 지속하자 2020년 7월에서야 자본금 허들을 도입한 것이다. 자본금 하한이 시장을 정화하기에 부족하다는 평가가 뒤따랐다. 건축업계 관계자는 "여전히 자격이 미달하는 업체를 시장에서 걸러내려면 하한을 끌어올리는 방안을 고민해볼 만하다"며 "시행령으로 정한 기준이라서 하한 상향은 의지의 문제"라고 했다.

신탁사를 지주택사업 영역으로 끌어오는 방안이 뒤따른다. 지금도 대부분 지주택사업장은 신탁사에 자금을 맡기고 집행을 위탁한다. 그러나 신탁사가 실질적으로 지주택사업에 참여하는 것이 아니라 단순히 자금 위탁만 받는 수준이라 견제 역할을 기대하기는 한계가 있다. 이를 보완하기 위해 현행 주택법에 지주택이 신탁사를 시행사로 지정할 수 있는 근거 조항을 마련하자는 요구가 나온다.

　조합 자료 공개에 관한 감독을 용이하게 할 수 있도록 시·도지사가 관리 시스템을 구축·운영할 수 있는 법 개정도 추진되고 있다. 국회 국토교통위원회 소속 이연희 더불어민주당 의원은 2024년 8월 이런 내용을 담은 주택법 일부개정법률안을 대표발의했다.

　현행 주택법은 주택조합사업의 시행에 관련된 자료를 조합원이 알 수 있도록 인터넷과 그 밖의 방법을 병행하여 공개하도록 하고 있다. 하지만 지방자치단체가 자체 홈페이지를 운영하거나 이를 운영하지 않는 사례가 나타나고 있다. 이에 개정안에서는 주택조합사업의 자료 공개에 관한 감독이 용이하도록 시·도지사가 자료 공개를 위한 시스템을 운영할 수 있도록 근거를 마련했다.

서울형 지주택 관리 방안
출처: 서울시

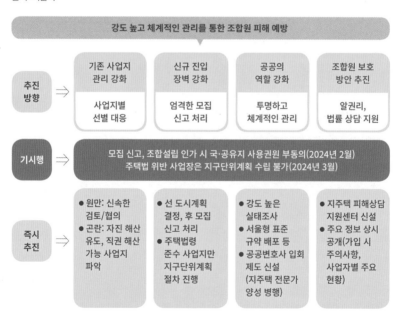

　내 집부터 투자까지, 내가 '살' 그 집

주택조합 임원의 결격사유도 강화된다. 현행법에는 주택조합 임원의 결격사유에 동법의 위반에 관한 사항이 없어 조합 임원이 정보공개 등 동법에 따른 의무사항의 이행을 등한시하는 문제가 발생하고 있다. 이에 조합 임원의 결격사유에 이 법을 위반하여 벌금 100만 원 이상의 형을 선고받고 10년이 지나지 않은 사람을 추가하려는 것이다.

서울시, 서울형 지주택 관리 방안 추진

이런 요구들에 지자체 나름대로 지주택사업의 개선을 위한 방안을 찾아나서기도 한다. 대표적으로 서울시는 주택법 개정을 국토부에 건의한 데 이어 '서울형 지주택 관리 방안'을 발표했다. 법 개정 등에 앞서 조합원의 비용 부담과 피해를 줄이기 위해 선제적으로 마련한 것이다. 서울형 지주택 관리 방안은 △ 기존 또는 신규 지주택 관리 △ 제도개선을 비롯한 공공 지원 강화 등 크게 두 가지 방향으로 추진된다.

먼저 적법하고 원활하게 진행 중인 지주택사업지는 신속하게 사업 절차를 진행할 수 있도록 적극적인 행정 지원에 나선다. 현재 시내 118곳 사업지 중 20곳 내외가 갈등 요소 없이 원활하게 추진되고 있다. 반대로 토지 매입에 어려움을 겪으면서 일몰 기한이 지나는 등 지지부진한 곳은 관련 법에 따라 자진 해산을 독려하는 등 사업 정리를 지원한다. 오랜 기간 사업이 정체돼 구청장이 '직권 해산' 추진할 곳을 파악하는 한편 해당 사업지에 전문가 합동 청산지원반, 코디네이터 파견도 준비한다.

변호사·회계사 등 전문가로 구성된 청산지원반은 조합원에게 불리한 청산 계획을 방지하는 자문을 제공하고, 코디네이터는 지역 여건에 맞는 사업 방식 등을 찾을 수 있도록 돕는다. 일몰 기한이 지난 곳은 사업 종결 여부를 정할 수 있도록 총회 개최를 지원하고, 조합원이 사업 절차에 대한 이해를 바탕으로 종결 여부를 판단할 수 있게끔 '해산총회 가이드라인'도 배부한다.

무분별한 사업 추진을 막기 위해 신규 지주택사업 진입 요건을 강화한다. 허위 또는 과장된 계획으로 조합원을 모집하지 못하도록 당초에 조합원을 모집한 뒤에 지구단위계획을 수립했던 절차를 개선, 도시계획을 선행하고 모집 신고토록 한다.

또 국·공유지를 포함하는 경우 명백한 동의의사를 회신받은 경우에만 토지사용권원을 확보한 것으로 간주한다. 조합 또는 발기인이 사유지 사용 권원을 상당 확보했음에도 법정 요건을 충족할 수 없는 경우 등 불가피한 때에는 재산관리부서 등 회의를 거쳐 예외적으로 동의 처리할 계획이다. 또 주택법에 따라 정보공개 등 의무를 이행한 사업지에 한해 지구단위계획 결정 등 절차를 진행할 방침이다.

시는 제도개선, 실태조사 등 지주택사업의 공공 지원도 대폭 강화한다. 자금 차입·업체 선정·조합 해산 등 주요 안건을 결정하는 총회에는 공공변호사가 필히 입회토록 하고 표준화된 사업 관련 서식을 배포하는 등 조합원 보호에도 적극적으로 나선다. 2024년 하반기 중으로는 '지주택 피해상담 지원센터'를 설치한다. 조합원에게 사업 정보가 충분히 공유되지 않는 조합-조합원 간 정보 불균형을 막기 위해 서울시와 자치구 누리집에도 사업 주요 현황 등 지주택 운영과 관련된 주요 정보를 상시 공개할 계획이다.

시는 서울 시내 지주택 관련 전수조사도 꾸준히 이어오고 있다. 2024년 상반기 지주택조합 7곳을 대상으로 표본 실태조사를 실시한 데 이어 9월 23일부터 10월 25일까지 지주택 112곳을 조사했다. 조합 모집 광고·홍보, 용역계약 체결, 조합원 자격·조합규약, 자금 운용 계획과 실적 등의 적정성을 두고 종합 점검할 계획이다. 조사 대상 112곳 중 실태조사 미시정, 조합 내부 갈등 등으로 민원 지속 발생하는 조합 중 자치구와 협의해 선정한 7곳은 서울시가 자치구와 전문가 합동으로 집중 조사를 벌였다. 105곳은 조합이 속해 있는 자치구가 '합동 조사반'을 꾸려 조사했다. 실태조사 결과 같은 내용

내 집부터 투자까지, 내가 '살' 그 집

으로 2회 이상 적발될 경우 '주택법' 등 관련 규정에 따라 과태료 즉시 부과, 수사 의뢰, 고발 등 엄중 조처를 할 방침이다.

한병용 서울시 주택정책실장은 "지주택 사업 주체가 조합원에게 징수한 사업 비용에 의존하는 것을 막기 위해 조합설립 인가 시 토지소유권 확보 요건을 더 높이고, 매입 토지 중 일정 부분은 사업 비용 담보대출을 금지토록 건의하는 등 제도개선도 병행할 것"이라며 "이번 관리 방안을 계기로 지주택 난립을 막고 추진 중인 사업지는 조합원 피해가 최소화될 수 있도록 집중 관리해나가겠다"고 말했다.

반면, 아예 제도의 존립 목적이 희미해진 만큼 폐지를 고민할 필요가 있다는 의견도 있다. 지주택 제도는 금융상품과 기술이 발달하지 않은 시절 조합원끼리 자본을 모을 구심점으로 도입한 측면이 있다. 현재는 자금 조달 창구와 방식이 고도화돼 지주택 존립 목적을 갉음하고 있다.

이은형 대한건설정책연구원 연구위원은 "지주택 제도가 없더라도 주택을 공급하고, 실수요자가 주택을 사들일 길이 전보다 많아졌다"며 "그럼에도 사업 난이도가 아주 높고 성공 확률이 대단히 낮은 제도를 유지해 수많은 이해당사자의 피해를 방치해야 하는지 의문"이라고 말했다.

시니어
레지던스

초고령화 시대,
전 계층 실버타운 공급

정년퇴직 후 살 곳을 고민 중인 K씨는 익숙한 도시에서 좀 더 편리한 일상을 누릴 수 있는 시니어 레지던스 거주를 희망하고 있다.

이미 시니어 레지던스에서 생활하고 있는 지인 부모의 이야기를 들어보니 젊은 사람들 위주로 꾸려진 기존 아파트 단지 커뮤니티와는 달리 시니어 레지던스는 편의시설 등이 고령층에게 맞춰져 있어 편리해 보였기 때문이다. 하지만 막상 시니어 레지던스를 알아보니 분양이나 매입은 불가능하고 수억 원의 보증금에 수백만 원의 월세가 기본인 임대 시장만 형성돼 있었다. 경제활동을 하지 않게 될 상황에서 큰 부담으로 다가왔다.

고령화 사회 진입을 앞두고 2024년 7월 정부가 발표한 '시니어 레지던스 활성화 방안'은 '중산층'을 위한 노인복지주택 제공에 초점을 맞췄다.

우리나라 노인복지주택 시장은 저소득층 중에서도 극히 일부만 누릴 수 있는 '공공임대주택'과 수억 원 보증금에 월 수백만 원대의 월세로 고액 자산가들만 누릴 수 있는 '민간임대주택' 시장으로 형성돼 있다. 중산층을 위한 중간 시장이 사실상 부재한 양극단의 모습을 띤 것이다.

내 집부터 투자까지, 내가 '살' 그 집

공급은 부재한 반면 중산층 고령자들의 노인복지주택 수요는 급증하면서 정부가 직접 공공 노인복지주택 공급을 늘리고, 민간 참여를 유도할 각종 규제완화와 인센티브를 도입하기로 했다. 이를 위해 지방의 인구감소지역에는 그동안 금지됐던 '분양형 실버타운'을 도입하고, 도심지역인 수도권에는 기존 인프라를 공유할 수 있는 대규모 시니어 레지던스를 조성한다는 내용을 주요 골자로 담았다.

'중산층 노인' 위해 등장한 신개념 '실버스테이'

소위 실버타운, 시니어타운 또는 시니어 레지던스 등은 노인복지법에서 말하는 노인복지주택에 대한 별칭으로, 법으로 정해진 용어는 아니다. 정부는 이번에 발표한 정책에서 노인들을 위한 주택을 통칭해 '시니어 레지던스'라 명명했다.

노인을 위한 주택인 시니어 레지던스는 서비스 유형에 따라 △ 고령자복지주택(공공임대) △ 실버스테이(민간임대) △ 실버타운(노인복지주택)으로

소득 요건에 따른 주거 유형 부족

출처: 기획재정부

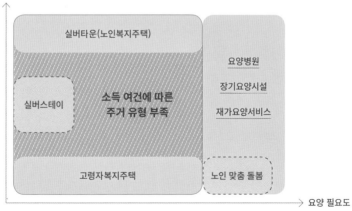

나눠 부르고 있다. 공급 주체가 민간 또는 정부인지에 따른 분류이기도 하지만 무엇보다 이용 금액에 따라 계층별 서비스를 다양화하는 데 중점을 둔 것이다.

우선 고령자복지주택은 보증금 200만~350만 원, 월 임대료 4만~7만 원 수준으로 형성된 저소득층 대상의 공공임대주택이다. 많은 사람들에게 익숙한 실버타운은 자산가들을 위한 민간공급 노인복지주택에 속한다.

실버스테이는 2024년 처음 도입된 제도로, 중산층 고령가구 대상 민간임대주택이다. 실버스테이는 2024년 하반기 시범사업을 시작해 2025년부터 본격 확대 시행할 계획이다. 다만 참여할 민간사업자가 나와야 진행이 가능해, 향후 민간에서 참여 의사를 내비쳐야 구체적인 사업 윤곽이 드러날 전망이다. 노인복지주택 정책에서 정부가 기준으로 삼은 중산층은 중위소득 150% 이하다.

실버스테이가 기존의 고령자복지주택(공공임대)과 다른 점은 유주택자도 입주가 가능하단 점이다. 그동안 고령자복지주택은 유주택자는 아예 대상에서 배제하는 등 중산층 진입을 차단했다. 이에 반해 실버스테이는 유주택자도 입주가 가능하도록 문을 열어두었다. 우리나라 중산층 노인 대부분이 1~2채의 주택을 자산으로 보유한 경우가 많다는 점을 감안한 것이다.

구체적인 안에 대해선 2024년 연내 정부가 추가로 발표를 예정하고 있다. 민간건설사들의 참여를 유도하기 위해 정부는 공공 택지 내 민간임대용지 일부를 의료·복지시설 등 인접 지역에 배치할 계획이다. 또 민간에서 실버스테이를 지을 경우 놀이터, 돌봄센터 등 고령자 수요가 적은 주민공동시설 설치 완화도 검토 중이다.

이 밖에도 고액의 비용이 들어가는 실버타운에 입주하고 싶은 중산층 노인들을 위해 입주자 보증금 지원 제도 운영을 검토하고 있다.

정부는 "실버타운 입주자의 입주보증금 부담 완화를 위해 입주보증금 대

내 집부터 투자까지, 내가 '살' 그 집

출 시 주택금융공사 보증 지원 확대를 검토 중"이라는 입장이다. 이 역시 구체적인 보증 지원안은 추후 발표될 예정이다.

현재는 실버타운 입주를 희망하는 영세자영업자나 사회적 배려 대상자에 최저 보증료율(0.02%)로 최대 6,000만 원까지 금융적 지원을 해주고 있다. 하지만 이 역시 중산층을 위한 혜택은 아니며, 저소득층의 경우 최대 6,000만 원의 지원으로 수억 원의 비용이 드는 실버타운에 입주를 희망하는 경우는 드물기 때문에 제도의 실효성에 대한 의문이 제기돼왔다.

이 밖에도 2024년 내에 정부는 중산층 노인들을 위해 후순위로 공공 노인복지주택도 제공할 예정인데, 이와 관련해선 '중산층 고령가구 입주 기회 확대를 위한 방안'을 별도로 발표 예정이다.

저소득층 노인 공공임대, 얼마나 부족하고 얼마나 늘어나나

현재 저소득층을 위한 노인복지주택은 공급이 전무한 중산층과 달리 일부 공급이 있긴 하다. 다만 수요에 비하면 이 같은 공급은 턱없이 부족한 현실이다.

국토교통부(국토부)가 최근 발표한 통계인 '민간 노인복지주택'은 2021년 말 기준 전국에 39단지로 약 9,000여 가구에 불과하다. 현재 계획된 추가 공급 가구수는 향후 2년간 1,600가구 정도다. 향후 5년간 우리나라 노인 인구가 200만 명 증가할 것이라는 전망에 비하면 크게 부족한 수치다.

이번에 정부가 발표한 저소득층 대상 고령자복지주택 공급 확대 방안을 살펴보면, 현재 진행 중인 건설임대 1,000가구에 노후 임대주택의 리모델링 및 매입임대를 통해 2,000가구를 추가로 공급해 총 연간 3,000가구를 공급하겠단 계획이다. 특히 노후 임대주택 리모델링이나 매입임대는 고령자 세대, 공가 세대가 많은 한국토지주택공사(LH)의 단지를 우선으로 선정할 것으로 보인다.

비싸다는 실버타운, 그래서 얼마일까?

삼성증권이 발행한 '시니어하우징: 당신의 노후는 안녕하십니까' 보고서를 보면 우리나라 실버타운의 평균 보증금은 최소 3억~9억 원 사이다. 월 부담해야 하는 비용은 최소 100만~300만 원대 수준이다. 특히 이 중에서도 비싼 시니어 레지던스는 보증금 10억 원에 400만 원대의 월세를 부담해야 한다. 여기엔 통상 20끼 식사와 기본적인 컨시어지서비스가 포함돼 있다.

실버타운 브랜드별 보증금 현황
출처: 각 사, 삼성증권
단위: 억원

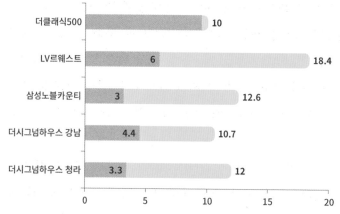

보증금 3~18억 원, 월 100~300만 원의 개인 생활비

브랜드	값1	값2
더클래식500		10
LV르웨스트	6	18.4
삼성노블카운티	3	12.6
더시그넘하우스 강남	4.4	10.7
더시그넘하우스 청라	3.3	12

이는 우리나라 중산층 노인이 지불하기에는 부담이 큰 비용으로, 대부분 고액 자산가들에 초점을 맞춘 경우다. 실제 통계청에 따르면 은퇴 후 가구주와 배우자(2023년·2인 기준)의 월평균 최소 생활비는 231만 원이다.

그럼에도 민간에서 임대로 공급하는 실버타운은 시장에서 기대 이상의 성과를 보이고 있다. 삼성증권 이경자 팀장은 '시니어하우징' 보고서를 통해 "최근 전액 자기부담형이고 높은 보증금과 월 비용 부담에도 불구하고 임대형 시니어하우징의 성공 사례가 속속 등장하고 있다. 2025년 입주를 앞둔 마곡 르웨스트와 의왕 백운밸리 시니어하우징이 완판된 것이 대표적 예"라며 "실제 인기를 누리는 실버타운의 평균 보증금은 3~9억 원에도 높은 수요로 2~3년의 대기를 하는 분위기"라고 분석했다.

경제활동을 하지 않는 노인들에게는 부담스러운 비용임에도 실버타운에 대한 수요가 높은 이유는 편의성과 입지에 있다. '완판'을 이어간 고급 실버타운 대부분이 서울과 수도권에 위치해 있으며 인근에는 대형병원과 마트, 백화점 등의 인프라를 갖추고 있어서다.

살던 집을 실버타운처럼… "개조하고, 식사 배달"

실제 대부분의 노인들은 은퇴 후에도 기존에 살던 지역 또는 인프라가 잘 갖춰진 도심을 거주지로 선호한다. 국토연구원이 전국의 60세 이상 고령자 847명을 대상으로 실태조사를 한 결과 응답자의 85.5%는 '현재 살고 있는 집 또는 동네에서 계속 살고 싶다'고 응답했다.

도시에서 노령인구가 차지하는 비중도 늘고 있다. 통계청의 도시인구 노령화 추이를 분석해 보면 15세 미만 100명당 65세 인구가 차지하는 비중이 2010년 53.2%에서 2021년 121.3%까지 치솟았다.

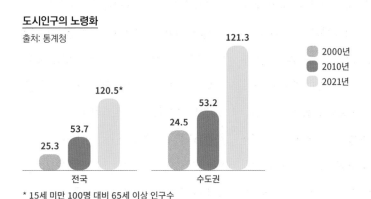

도시인구의 노령화
출처: 통계청

* 15세 미만 100명 대비 65세 이상 인구수

이러한 수요에 맞춰 정부에선 기존에 살던 집에 계속 살면서 시니어 레지던스 서비스를 누릴 수 있는 '자가주택 계속 거주 지원' 복지 혜택도 구상 중에 있다. 정부 관계자는 "일본에서는 요양등급을 받은 어르신이 주택 개조를 신청하면 휠체어가 다닐 수 있는 집 개조 비용을 국가가 대주는 등의 지원이 있다는 현장의 목소리를 반영해 관련 지원 제도를 관계부처에서 합동으로 구상 중"이라고 전했다.

현재는 65세 이상 기초생활수급자와 차상위계층 등 돌봄이 필요한 노인, 그중에서도 거동이 불편한 후기 고령층을 대상으로 자가주택 수리, 일상 지원, 건강관리 등의 서비스를 지원하고 있으나 향후 전 계층으로 확산될 것으로 보인다.

이 외에도 아파트 내 공용공간 및 경로당 등을 활용해 자가주택 거주 고령자 대상 식사 서비스 활성화 방안도 마련 중이다. 더 나아가 거동이 불편한 고령층을 대상으로 노인 맞춤 돌봄서비스와 연계한 식사 배달 서비스도 전 계층으로 확산할 계획이다.

병들어도 요양원 안 가고 실버타운에 머물 수 있게

실버타운이나 실버스테이, 고령자복지주택 등에 거주하다가 질병으로 인해 별도의 요양이 필요해진 경우에도 기존에 살던 시니어 레지던스에 머물면서 요양서비스를 받을 수 있는 방안도 구상 중이다.

이와 함께 애초에 민간에서 실버타운 등 시니어 레지던스를 지을 때 요양시설을 함께 지으면 인력 배치 기준 및 시설 기준 등 인허가 기준을 완화하는 등 인센티브를 부여할 계획이다. 이 경우 시니어 레지던스에 거주하다 질병으로 요양시설로 가더라도 기존과 크게 다르지 않은 주거 환경을 제공받을 수 있게 된다.

또 요양서비스가 필요한 고령층(장기요양보험 3~5등급) 대상 특화형 서비스를 제공하는 '생활 보조 주거형 실버타운' 설립도 새롭게 허용했다.

정부는 "입주 이후에 요양서비스가 필요해진 경우(장기요양보험 3~5등급)에도 실버타운에 계속 거주가 가능하도록 입주 유지 기준을 마련했다"며 "다만 다른 입주자들의 생활권 및 사업자의 운영권을 침해하지 않고, 타인의 일부 도움으로 일상생활 유지가 가능한 자라는 조건이 붙는다"고 설명했다.

분양 문 열었다지만 수요 적은 지방만 가능

정부의 시니어 레지던스 활성화 방안과 관련 건설업계는 시장의 수요에 맞는 적절한 정책이 나왔다는 반응이다. 다만 민간의 적극적인 참여를 이끌어내기 위해선 실버타운 분양 가능 지역을 전국으로 확산하고 재개발·재건축 시 공공기여로 인정해 용적률 인센티브 등을 누릴 수 있게 하는 등의 실질적인 견인책이 필요하다는 의견이 함께 나온다.

무엇보다 업계에서는 실버타운 분양을 인구감소지역만이 아닌 전 지역에 개방해야 민간의 적극적인 참여를 유도할 수 있다고 보고 있다. 대부분의 실버타운 수요가 인구감소지역이 아닌 인구증가지역인 서울과 수도권에 집중된 점을 감안하면, 폭증하는 수요를 감당하기 위해 지역 제한이 풀려야 한다는 입장이다.

정부는 이번 발표로 2015년 이후 금지돼온 임대형을 일정 비율 포함한 '신(新)분양형 실버타운'을 인구감소지역 89곳에 도입하기로 했다.

분양 시장 개방은 자금 조달 문제를 해결할 핵심 열쇠가 될 수 있는 만큼 업계에선 필요성에 공감대를 보이고 있지만, 현재 발표된 정책만으로는 참여 유도에 한계가 명확하다는 입장이다.

한 대형 건설사 관계자는 "인구감소지역에만 분양을 가능토록 해 실제 시니어 수요가 높은 서울 및 인근 수도권이 해당되지 않아 아쉽다. 인구감소지역의 실버타운 공급은 민간이 아닌 공공에서 풀어가야 할 부분으로 보인다"며 "만일 인구감소지역에 대한 수요를 늘리면서 민간의 참여를 유도하고자 한다면 지역에 따라 임대와 분양 비율을 나누는 방안 등이 추가로 논의되면 좋을 것"이라고 강조했다.

또 "이 사업은 수요가 폭발하는 만큼 속도가 중요한데 신분양형 실버타운 정책을 보면 이전처럼 분양형 사업 허가 등의 절차가 필요해 사업 기간이 지연될 수 있어서 이 부분에 대한 적극적인 법령 수정도 필요하다"고 덧붙였다.

시니어 레지던스의 개념과 현황

실버타운	실버스테이	고령자복지주택
☆ 민간이 공급하는 노인복지주택	☆ 중산층 고령가구 대상 민간임대주택	☆ 저소득 대상 공공임대주택
☆ 2023년 기준 누적 9,008가구 공급	☆ 2024년 도입	☆ 2023년 기준, 누적 3,958가구 공급
☆ 보증금 2~10억 원, 월 임대료 230~460만 원 수준	☆ 공공지원을 받는 민간임대주택은 임대료 규제(시세 95% 이하)	☆ 보증금 200~350만 원, 월 임대료 4~7만 원 정도
☆ 안부 확인 + 청소·식사 등 가사서비스 + 건강·여가서비스	☆ 건강관리·안부 확인과 식사서비스(기본) + 기타 서비스 선택 이용	☆ 운동·여가시설 + 식사서비스 + 복지·보건서비스(지자체)

재건축 시 공공기여 인정 등 추가 견인책 필요

보다 적극적인 민간의 개입을 위해선 정비사업 진행 시 노인복지주택을 포함할 경우 이를 공공기여로 인정하는 등의 확실한 인센티브가 있어야 한다고 입을 모으고 있다.

아파트 재개발·재건축 시 노인복지주택을 임대주택으로 포함하는 만큼 용적률 인센티브로 간주해 사업성을 확보할 수 있도록 해달라는 것이다. 특히 이는 정비사업을 촉진해 주택공급을 늘리려는 정부의 8·8 주택공급 확대 정책과도 궤를 같이 한다는 주장이다.

국토부는 "정비사업 시 노인을 위한 임대주택을 늘릴 경우 공공기여로 인정할지 여부는 각 지자체별 협의 사항으로 정부가 정책으로 개입할 여지가 적은 부분"이라며 "다만 노인주택이 일반주택에 포함될 경우 입주민들이 꺼리는 분위기 등이 있어 협의가 쉽지 않은 것으로 안다"고 전했다.

때문에 업계에서는 이를 자율적으로 맡기기보단 법령 개정을 통해 보다 구체적으로 방향을 제시해야 한다는 의견이다. 지자체의 도시계획조례와 국토계획법상 공공기여시설 유형에 별도의 '노인복지주택'을 명시해 참여를 유도해야 한다는 주장이다.

국내 금융업계 관계자는 "정부가 주택공급 확대 정책으로 내놓은 정비사업 촉진 정책에서 시니어타운 비중을 일정 부분 할애하거나 시니어를 위한 주거공간을 공공기여로 인정해 용적률 상향 인센티브로 간주하는 등의 추가 견인책이 필요하다"고 말했다.

이 밖에도 업계에선 자금 확보를 위해 다방면의 금융적인 지원 정책이 함께 발전해야 한다고 보고 있다.

대형 건설사 관계자는 "민간사업자에겐 자본금 확보 및 금융비용 절감 등을 위해 주택도시기금의 저리 자금 지원의 확대와 보증 상품 개설도 함께 고려됐으면 한다"며 "역모기지제도 변경을 통해 실제 거주하지 않아도 주택연금을 받을 수 있도록 길이 열리긴 했지만, 수요자들에게 실버타운은 여전히 보증금 부담이 커 임차보증금에 대한 저금리 대출 등이 필요하다"고 강조했다.

2025
돈이
보이는
창

돈 되는 투자전략과
재테크 가이드

펴낸 날 초판 1쇄 발행 2024년 11월 15일

회장·발행인 곽재선

대표·편집인 이익원

편집보도국장 이정훈

지은이 이데일리 편집보도국

진행·편집 이데일리 미디어콘텐츠팀

디자인 베스트셀러바나나

인쇄 엠아이컴

펴낸 곳 이데일리(주)

등록 제318-2011-00008(2011년 1월 10일)

주소 서울시 중구 통일로 92 KG타워 19층

전자우편 edailybooks@edaily.co.kr

가격 20,000원

ISBN 979-11-87093-30-5 (03320)